ERIN SULLIVAN

Jupiter

Standardwerke der Astrologie

ERIN SULLIVAN

Jupiter

Die innere Weisheit
im Horoskop finden

Für Howard Sasportas

Aus dem Amerikanischen übersetzt von Renate Vincenz
Umschlag: Walter Schneider unter Verwendung des Bildes »Jupiter et Séméle« von Gustave Moreau

Untuk Swantje

Zu beziehen über den Buchhandel oder direkt beim
Chiron Verlag, Postfach 1131, D-72109 Mössingen
www.chironverlag.de

ISBN 3-925100-50-4

Druck: WB-Druck, Rieden

Inhalt

Einführung[1]

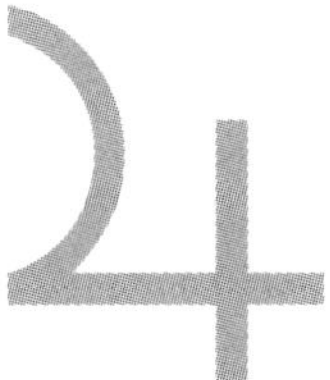

Wir werden im Folgenden den Energiebereich und das Wesen von Jupiter bzw. Zeus möglichst gründlich erforschen und herausfinden, auf welche Weise der astrologische Jupiter den Charakter des griechischen Gottes verkörpert. Wir werden aber auch ergründen, wie wir in unserem Leben die Kraft des astrologischen Jupiters nutzen, um etwas zu lernen, zu verstehen, zu rationalisieren, in uns aufzunehmen und zwischen Dogma und Wahrheit sowie zwischen eigenen und angenommenen Überzeugungen zu unterscheiden. Zu einer Untersuchung Jupiters gehört auch ein Blick auf die Mythologie, die Philosophie und die Methoden, mit denen die Sagen und Götter der alten westlichen Zivilisation rational erklärt werden.

Wenn wir die Gebiete Jupiters – das Zeichen Schütze und das 9. Haus – betreten, müssen wir auch einige der von ihm regierten Domänen betrachten, wie Geschichte, Erziehung, klassische Studien, Sagen oder Mythen, Psychologie und Philosophie. Um Jupiter wirklich umfassend darzustellen, möchte ich Ihnen eine Menge an Informationen bieten, die Sie dann weiterverarbeiten und in den Jupiter-, Schütze- oder 9. Haus-Bereich Ihres eigenen Horoskops aufnehmen können. Jupiter und seine Bereiche beherrschen das große Ganze – den Überblick, die Zukunft und die zukünftigen Möglichkeiten, die in der Gegenwart liegen. So gesehen regiert Jupiter die Astrologie. Wir haben uns angewöhnt,

1 Dieses Seminar wurde am 13. Juni 1993 im Regents College, London, abgehalten.

Uranus als Regenten der Astrologie zu sehen (Gruppen, Systeme etc.), oder auch Neptun (das Mystische, das Spirituelle und das kollektive Unbewusste); ja sogar Saturn, den alten Herrscher des Wassermanns. Das kommt der Wahrheit allerdings ein bisschen näher, denn die Saturn-Gruppe scheint in der astrologischen Welt ziemlich verbreitet, aber das gilt auch für Jupiter. Wie es scheint, sind in der Astrologie auf Gedeih und Verderb sowohl die Jupiter-Menschen als auch die Saturnier vertreten.

Es scheint passend, dass ein Seminar über Jupiter gerade am heutigen Tag stattfindet. Wir sind eingespannt zwischen dem vor fünf Tagen stationär-direktläufigen Jupiter und dem in vier Tagen stationär-rückläufigen Saturn. Die himmlischen Mächte sind von dem mythologischen Kampf zwischen Kronos und Zeus in Anspruch genommen, bei dem es um die Geburt einer neuen Mythologie aus alten, archaischen Mustern geht. Wenn wir das vom Standpunkt unserer Arbeit als Astrologen und Symboldeuter betrachten, zeigt sich interessanterweise, dass wir das Äußere wie das Innere selbst anziehen oder erschaffen. Im Allgemeinen bringt ein stationärer Jupiter, der rechtläufig wird, ein ziemliches Chaos hervor und entfesselt religiöse, ethische, moralische und ideologische Kräfte, die in verschiedenen Aspekten des gesellschaftlichen und persönlichen Lebens ein Pandämonium hervorbringen. Zyklen der Rückläufigkeit lassen diesen besonderen stationär-direktläufigen Zustand irgendwie blockiert oder unterdrückt erscheinen. Es baut sich ein Gefühl der Spannung und Erwartung auf, ohne dass etwas geschieht. Der Grund ist, dass in einigen Tagen der laufende Saturn stationär und dann rückläufig wird. Wir sehen uns also mit einer Blockierung zwischen dem stationär-direktläufigen Jupiter und dem stationär-rückläufigen Saturn konfrontiert.

Wir haben das Gefühl einer Belebung oder Anregung, die in der Schwebe gehalten wird, wobei wir vermuten oder ahnen, dass etwas Großes geschehen wird. Wir spüren, dass wir kurz vor einem Durchbruch stehen, doch es kommt zum Stillstand, weil vielleicht noch eine längere Reifezeit oder eine innere Weiterentwicklung notwendig ist. Die Jupiter-Zyklen sind faszinierend, weil Jupiter in diesem Sonnensystem das perfekte Paradigma aller scheinbaren Planeten-Bewegungen darstellt – das heißt, ihrer direktläufigen und rückläufigen Zeitspannen. In jedem folgenden Jahr wird Jupiter exakt einen Monat und zwei Tage später stationär-rückläufig als im Vorjahr, und dann, vier Monate später, wird er genau einen Monat und zwei Tage später stationär-direktläufig als im vorangegangenen Jahr. Dabei nimmt die Gradzahl schrittweise zu. Die physikalischen Zusammenhänge eines Planeten enthüllen viel von seinem wahren Wesen. Das griechische Wort *physis* bedeutet wörtlich »Natur, natürliche Beschaffenheit«. Daher stammt auch die Bezeichnung »Astrophysik« für das Studium der Natur der Planeten. Demgemäß möchte ich in der Arbeit mit Jupiter einige astronomische und astrologische Muster miteinander verknüpfen.

In Anbetracht dessen, dass dies ein Seminar über Jupiter ist, in dem all die Themen des 9. Hauses und des Schützen behandelt werden, scheint es mir ziemlich wichtig, erst einmal einen großen Überblick zu gewinnen. Von da aus wenden wir uns dann verschiedenen Methoden zu, die uns Jupiter im Horoskop sowie die Astrologie Jupiters (d.h. seine Auswirkungen in unserem Leben) näher bringen. Dafür habe ich meine eigenen Studien und den Einfluss des 9. (Jupiter)-Hauses ein wenig zurückverfolgt. Es ist eine Rückschau auf einige Bereiche, die für mich in einer bestimmten Lebensphase besonders inspirierend waren. Es war zur Zeit eines Uranus-Transits im Schützen in Opposition zu meinem Geburts-Uranus in den Zwillingen – der Beginn der Lebensmitte – als ich mich einer Arbeits- und Glaubenskrise gegenübersah. Da Jupiter mit Überzeugungen, Ideologien, Glauben, Philosophie und dem innersten Gefühl moralischer und ethischer Verpflichtung zu tun hat, ist es meiner Meinung nach passend, einige Minuten lang etwas über mich selbst preiszugeben. Das ist mehr als eine Selbst-Offenbarung, es ist der Inbegriff einer Jupiter-Erfahrung.

Im Jahr 1987 trat ich in die zweite Lebenshälfte ein, was an sich schon mit unzähligen Begleiterscheinungen belastet ist. Doch der Vorbote der Lebensmitte – der Beginn der zweiten Hälfte des Uranus-Zyklus – erschien gleichzeitig mit einer exakten Opposition zwischen meinem Geburts-Uranus (25° Zwillinge) und meiner progressiven Sonne (25° Schütze). Außerdem gab es in diesem Jahr noch eine Transit-Konjunktion Saturn-Uranus auf 25° im Schützen! Das war nicht nur eine *Midlife-Crisis*, es war die völlige Demolierung meiner Denkweise und des tiefsten Teils meiner Psyche und führte zu einer Neustrukturierung meiner Ansichten über das, was ich tat. Das Ganze war mit einem bedrohlichen Verlust an Inspiration verbunden und mit dem starken Bedürfnis nach einer erweiterten philosophischen Grundlage für die Astrologie. Ich betrieb Astrologie seit 1963, praktizierte, lehrte und schrieb darüber seit 1970 und war nun beruflich an einem Scheideweg angelangt.

Wie bei *Midlife*-Erfahrungen üblich, schien plötzlich alles, was ich gemacht hatte, nicht zu genügen, und ich fühlte mich heuchlerisch – ich spürte, dass ich auf etwas Wichtiges gestoßen war, dass ich etwas tat, was ich nicht wirklich verstand. Ich merkte, dass ich mehr wissen musste, und hatte keine Ahnung, wo es zu finden war. Ich brauchte eine Antwort und konnte nicht einmal die Frage formulieren! Das ist typisch für Jupiter. Ich begann also, mich an der Universität (sie wird von Jupiter, dem Schützen und dem 9. Haus regiert) umzusehen und dachte, Psychologie in diesem Rahmen ist nicht besonders interessant, denn wenn man dies an der Uni betreibt, geht es nur um Statistiken. Darin lag keine Herausforderung, es gab nichts zu erforschen, was ich nicht selbst schon gründlich erforscht hätte.

Ich wandte mich der Astronomie zu, denn ich dachte, dass sie mir neuen Schwung geben würde – und so war es auch. Indem ich mir einen Überblick über die Astronomie des Sonnensystems verschaffte und Astrophysik studierte, erhielt ich profunde Anregungen für die Astrologie – ich sah ständig Bedeutungen, die scheinbar gar nicht da waren. Ich lehrte meinen Professor, ein Horoskop zu berechnen (er hatte es in 15 Minuten verstanden, konnte mir jedoch bei den Transiten nicht folgen).

Dann geriet ich – mehr durch Zufall – in die Abteilung der klassischen Philologie. Schon immer interessierte ich mich für Wörter und ihre wahre Bedeutung sowie dafür, wie wir unsere Kommunikation fördern könnten, um einander besser zu verstehen. Das brachte mich in eine Vorlesung über die griechischen und lateinischen Ursprünge der modernen Sprache. Das war der Ausgangspunkt. Dieser bescheidene Anfang führte mich in die wunderbare Welt der Zeit Homers, in die Kultur Athens während des 5. und 4. Jahrhunderts. Ich erkannte, dass ich hier eine Heimat gefunden hatte, und das Lesen der Klassiker brachte mich an einen vertrauten Punkt – Verlust von Göttern, Verlust von Kultur, Verlust von Ethik – kurz gesagt, die allgemeine Desillusionierung, der ich mir so schmerzlich bewusst war und die sich mit meiner eigenen persönlichen Ernüchterung deckte. Ich hatte eine parallele Kultur und Literatur gefunden, mit der ich übereinstimmte!

Danach folgten drei Jahre, in denen ich die Wurzeln oder Ursprünge des westlichen Bewusstseins erforschte – woher wir kommen, wie wir denken und warum wir so denken. Durch diesen Ausflug in die Welt der klassischen Sagen, durch das Lesen von Übersetzungen der Originaltexte, durch das Studium von Latein und den Anfangsgründen des Griechischen war ich innerhalb einiger Monate völlig neu belebt worden. Ich hatte einen neuen Weg beschritten, der nicht nur meine Astrologie vertiefte, sondern auch etwas anderes in Gang setzte. Ich wollte unbedingt wissen, warum die Astrologie nicht nur moderne Erfahrungen, aktuelle Bezüge und zeitlose Vorstellungen beinhaltet, sondern auch ausdrucksvoll die innere Welt eines Menschen und deren Widerspiegelung der Außenwelt beschreibt. (Warum das so ist, weiß ich bis heute nicht.) Diese Frage kann ich noch immer nicht beantworten, aber ich weiß durch die Erforschung der Philosophie, die unserer westlichen Weltanschauung zugrunde liegt, mehr über den Reichtum der mythischen Denkweise. Ich vertiefte mich in das Denken der Antike und stellte eine vertraute Beziehung dazu her. Es war nicht etwas, dem ich meine Weltanschauung aufzwingen konnte – erfrischenderweise reichte mein Wissen dafür nicht aus.

Das Entdecken einer fremden Kultur, einer anderen, längst vergangenen Zeit, die von unmittelbarer Bedeutung für mich und die Ethik meiner eigenen Kultur war (wenngleich letztere im Verhältnis zu der engen Welt Athens eine globale Kultur ist), brachte mir etwas, das ich brauchte. Es verstärkte mein Gefühl, an der Welt teilzuhaben, und ließ mich erkennen, warum unsere Kultur so einseitig auf eine maskuline, intellektuelle und rationale Lebensweise ausgerichtet ist. Tatsächlich erkannte ich allmählich, dass unsere Kultur noch immer unter der Gewaltherrschaft des Zeus steht. Es wurde mir schmerzlich bewusst, dass es einen Gott im Himmel gab, eine maskuline Parteilichkeit, welche die westliche Welt fest im Griff hatte, seit um 1200 v. Chr. die letzte Spur der auf Göttinnen bezogenen minoischen Kultur verschwunden war. Die Invasion der Himmels-Götter aus dem Norden unterwarf den friedvollen Bereich des erdverbundenen Kultes und fiel in die Zeit, die wir als den Beginn des solaren Bewusstseins bezeichnen könnten.

Anstatt mich also von meiner Arbeit – dem Beruf der Astrologin – abzulenken, beflügelten mich diese Erkenntnisse und weckten in mir etwas Größeres: ein umfassenderes Verständnis dafür, wie sich unsere westliche Gesellschaft entwickelt und wie dieser Entwicklungsweg unsere Astrologie beeinflusst hat. Mein Verstehen wuchs, meine Vision erweiterte sich und mein astrologisches System wurde sehr bereichert. Deshalb möchte ich auch Ihnen gerne durch eine Einführung einen kleinen Teil dieses größeren Bildes vermitteln. Wie gesagt, alles, was mit Jupiter, dem 9. Haus oder dem Schützen zu tun hat, muss Vergangenheit und Gegenwart mit einbeziehen und wirklichen Wert für die Zukunft haben. Es sollte in einen vielseitigen Zusammenhang gestellt werden – der gegenwärtige Augenblick (das JETZT) wird bewusster und stärker geachtet, wenn er in Vergangenheit und Zukunft eingebettet ist. Ein Wort muss in einem Kontext stehen, der es wie zwei Klammern umschließt. Existenzial (unmittelbar) zu leben und bewusst zu handeln ist eine sehr seltene und einzigartige Erfahrung, die gewöhnlich nicht lange anhält. Nebenbei bemerkt waren die Existenzialisten, gemeint sind hier die philosophischen Puristen, größtenteils klinisch depressiv, zynisch und selbstmordgefährdet. Ich denke, wenn wir bei der Betrachtung unserer heutigen Situation mit einbeziehen können, woher wir kommen, dann fühlen wir uns auch hinsichtlich der Zukunft wohler oder sind zumindest besser darauf eingestimmt. Das gilt für die Allgemeinheit ebenso wie für den Einzelnen.

Der mythologische Hintergrund

Alles, was zu unserem Themenbereich »Jupiter« gehört, muss eine globale und eine lokale Perspektive in sich vereinigen. Diese Einführung in die Mythologie lässt uns vielleicht besser verstehen, wie unsere Fähigkeit, rational, aber auch magisch zu denken, von Jupiter »regiert« wird. Ich möchte vor der eigentlichen Interpretation des astrologischen Jupiters so viel von Jupiters Sphäre hereinbringen, wie ich nur kann. Jupiter muss im Zusammenhang mit seinem ureigensten Bereich gesehen werden – innerhalb des geschichtlichen, mythischen, ideologischen und astrologischen Kontextes. Wir müssen herausfinden, wie wir unsere Arbeit rationalisieren und wo wir unser Gewahrsein der astrologischen Sichtweise vertiefen können, indem wir die verschiedenen Jupiter-Bereiche besser verstehen.

Um dies zu erreichen, möchte ich etwas über die Rationalisierung der Mythologie sagen. Da wir uns mit Jupiter beschäftigen, sprechen wir über das höhere Denkvermögen, die Fähigkeit, in allem das Religiöse oder Göttliche zu sehen. Ich halte es auch für sehr wichtig, die mythischen Grundlagen der Astrologie anzuerkennen und auch, wie sehr die Mythologie Kultur und Weltanschauung unseres gegenwärtigen Lebens durchdrungen hat. Mythologie ist nicht Astrologie – verwechseln Sie also unsere Anwendung der Astrologie und der astrologischen Symbolik nicht mit Psychologie oder Mythologie – aber es ist interessant zu sehen, wie sie sich gegenseitig bereichern.

Seit dem Aufkommen und dem Heranreifen des rationalen Denkens haben die Menschen versucht, Mythen und Legenden im Kontext ihrer Weltanschauung zu verstehen[2]. Die Folge war, dass Mythenschreiber die »Bedeutung« eines Mythos auf unterschiedliche Weise darlegten. Einige sehr innovative Denker – ob es nun Archäologen, Soziologen, Psychologen oder Philologen waren – haben sich mit der Wirkungsweise von Mythen befasst. Es erscheint mir gerade heute, in dieser unheiligen Zeit, sehr

2 Siehe G. S. Kirk, *The Nature of Greek Myth*, Pelican, 1974.

wichtig, das Bedürfnis der Menschheit nach Aufrechterhaltung einer Beziehung zum Göttlichen zu verstehen. Mit anderen Worten, wir brauchen die Verbindung zum Kosmos. *Cosmos* bedeutet im Griechischen eigentlich »Ordnung« – und Ordnung entsteht aus Chaos.

Bei einer sorgfältigen Prüfung von mythologischen Studien – das heißt, der Rationalisierung der Mythologie – findet man gewöhnlich heraus, dass Mythen den Leuten Angst machen. Sie wurden in jeder Ära von jedem Intellektuellen, der zufällig darauf stieß, verzerrt. Die Historiker waren über die Sagen – die *fabulae* – aus der Welt der alten Griechen so entsetzt und empört, dass sie viel Zeit mit Analysen verbrachten und nach einer Methode suchten, die ihnen »Wissen« darüber lieferte.

Das Wort »Mythos« oder »Mythe« stammt von dem griechischen *mythos* ab – was ursprünglich einfach »Wort«, »Sprache«, »Erzählung«, »Neuigkeit«, »Geschichte« oder »Bericht« bedeutete. Im Denken der alten Griechen hatte es den selben Begriffsinhalt wie *logos* (das Wort). 2600 Jahre haben nicht nur die Bedeutung von *mythos* verändert, sondern auch die Geschichten, die wir heute als mythologisch ansehen. Es gibt eine Unmenge langweiliger, pedantischer Abänderungen einer ursprünglich sehr einfachen Sache, und diese Entwicklung macht sie für unser heutiges Denken höchst kompliziert.[3]

Leider wird das Wort »Mythos« heute eher in einem niederen Sinne gebraucht, und dadurch haben die Erzählungen auch an Kraft verloren. »Mythos« wird allgemein falsch angewandt um eine Lüge, etwas Irriges oder eine lächerliche Überzeugung zu beschreiben. Natürlich ist da noch mehr daran. Wir vermuten, dass Mythen aus einer Zeit vor der Verbreitung der Schrift stammen und mündlich überliefert wurden. Ihr Ursprung liegt in einer Kultur, in der Gedanken und Informationen von Generation zu Generation weitergegeben wurden – gewöhnlich von begabten Rednern,

3 Marcel Detienne, *The Creation of Mythology*, University of Chicago Press, 1986. Darin besonders das Kapitel »The Mythic Illusion«. Dieses Buch behandelt den Ursprung von Mythen und den Umgang mit ihnen und empfiehlt für die heutige Zeit eine neue Auffassung von Mythen.

d.h. von Menschen, die gut sprechen und erzählen konnten. Sie benutzten rituelle oder formelhafte Methoden, wie bestimmte Mnemo- und Atemtechniken, um in langen Epen die kulturellen und himmlischen Abläufe oder Geschehnisse zu übermitteln.

Jene Mythen, die von den Griechen zu uns kamen, unterscheiden sich faktisch nicht von den Mythen anderer Kulturen. Es gibt ziemlich faszinierende kulturelle Querverbindungen zwischen den monolithischen Mythen einer jeden Kultur. In seinem Buch *Der Heros in tausend Gestalten*[4] aus dem Jahr 1949 zeichnet Joseph Campbell auf brilliante Weise das Paradigma des Heldenlebens als den »Monomythos«, ein Begriff, den James Joyce in *Ulysses* prägte. Er beschreibt die Ähnlichkeit zwischen den Heldensagen aller Zeitalter und Kulturen. Die Beziehung des Individuums zu den archaischen und geschichtlichen Ursprüngen wird unbewusst in der Psyche bewahrt und ist mit ein Grund, warum Astrologie, wie wir sie betreiben, funktioniert. Durch diese magische Verbindung befinden wir uns an einem zeitlosen Ort.

Die großen Mythen haben modellhaften Charakter und sind in allen Kulturen beheimatet. Einige von Ihnen kennen vielleicht Mythen aus Indien, Südamerika oder von den amerikanischen Ureinwohnern – alle diese Geschichten sind im Grunde gleich. Immer gibt es einen Mythos über die eigene Herkunft, über Gauner oder Schwindler, die Entstehung der Welt, das Töten eines Ungeheuers, eine mystische Hochzeit, den Sturz alter Götterfiguren, die Erklärung von Naturereignissen (woher kommt der Donner, was ist der Ursprung des Feuers?), die Aufklärung über himmlische Ereignisse (Mondphasen, Finsternisse), die Verherrlichung Gottes, seine Immanenz in den Tieren und in der Natur sowie Totem- oder Ahnen-Kult. All das ist auch für das heutige Bewusstsein noch von Belang. Wie wir damit umgehen und diese Informationen und bedeutsamen Rationalisierungen nutzen, ist interessant. Astrologie ist *eine* Methode, um die Vergangenheit für die Gegenwart fruchtbar zu machen.

Zuhörer: Ich habe die Erfahrung gemacht, dass mich die

4 Joseph Campbell, *Der Heros in tausend Gestalten,* Insel Verlag, 1999.

scheinbare Unausweichlichkeit oder Vorhersagbarkeit des Verhaltens von mir und anderen erregt, aber gleichzeitig auch ängstigt – ich meine damit, dass Sagen oder Mythen sich auch heute noch abspielen! Es ist sowohl deprimierend als auch ermutigend, dass sich auf der Ebene der Archetypen eigentlich nichts geändert hat.

Erin: Wie ich bereits erwähnte, wurden einige der besten Denker schon durch die bloße Tatsache alarmiert, dass Mythen existieren! Sich den Luxus zu gönnen, Teil eines *mythos* des kollektiven Unbewussten zu sein, kann uns sehr beunruhigen. Wir leben heute so sehr in der Individuation, dass der Gedanke, wir würden ständig nur eine Variation desselben Themas wiederholen, für einige Menschen beleidigend ist. Die Menschen möchten gerne glauben, dass sie »vorangekommen« oder kultiviert sind. Wenn ich die ganze Komplexität Jupiters und seiner Aspekte behandle, werden wir erkennen, dass wir diese Themen etwas abwandeln, und dass durch unsere jeweilige Persönlichkeit eine Art »Individuation« der Archetypen erfolgt. Diese Archetypen treten sozusagen durch uns hervor, um dann verfeinert und für unsere Zeit passender und zweckmäßiger zu werden. Sie ändern sich jedoch nicht ihrem Wesen nach oder von sich aus. Die Macht dieser Bilder, dieser transzendentalen Vorstellungen, verleiht der Astrologie etwas Grundlegendes, Lebendiges. Auch hier müssen wir die Mythen nicht unbedingt als eine Methode zur Verhaltens-Interpretation heranziehen, obwohl wir sie als Allegorie oder Erzählung verwenden können, welche die menschliche Erfahrung unterstreicht und bestätigt. In den großartigen legendären Taten der Unsterblichen sehen wir uns selbst widergespiegelt.

Wir dürfen jedoch nicht vergessen, dass die Mythen, auf die wir uns hier beziehen, nicht vom Anbeginn der Zeiten stammen; wenn wir das große Ganze betrachten, sind sie sogar relativ modern und aktuell. Es handelt sich also nicht um Mythen aus der Zeit der Höhlenbewohner, und die griechischen Sagen sind noch nicht einmal so alt wie die ägyptischen Mythen aus dem Stier-Zeitalter. Die griechischen Sagen stammen aus dem Zeitalter des Widders und dann auch noch von dessen »hinterem Ende«! Doch sie boten Dichtern, Künstlern, Schriftstellern, Malern,

Anhängern des Klassizismus, Philosophen und in letzter Zeit auch Psychologen reichlich Stoff. Ob diese Mythen das Zeitalter des Wassermanns überleben werden, bleibt abzuwarten. Wir haben jedoch rund 2100 Jahre, um dies herauszufinden, so dass kein Grund zur Eile besteht. Im Wesentlichen sind es die Sagen von Zeus und Jupiter, die auch heute – und wahrscheinlich noch für längere Zeit – starken Anklang bei uns finden.

Wir werden auch sehen, dass bei der Übermittlung und Erforschung griechischer Mythen und ihrer Verwendbarkeit in der heutigen Zeit sowie ihrer Bedeutung für die moderne Psyche etwas verloren gegangen ist – nämlich der Bezug zum Wesentlichen eines Zeitalters. Mythen müssen innerhalb eines bestimmten Kontextes erklärt und von Fabeln oder anderen Heldenerzählungen unterschieden werden. Mythen sind anonym, ihr Ursprung ist uns nicht bekannt. Sie sind sehr alt und aus einer Denkweise hervorgegangen, die sich anscheinend so mit ihrer Umgebung identifizierte, dass zwischen den Menschen und ihrer Umwelt keine bewusste Trennung bestand. In einer weit zurückliegenden Zeit war unser Bewusstsein derart mit der Umgebung und der Natur verwoben und verschmolzen, dass es kein Gefühl eines separaten Selbst gab. Es war ein ego-loser Zustand. Die dafür gebräuchliche Bezeichnung – *participation mystique* – taucht nun auf andere Weise wieder auf, wozu auch der gegenwärtige Uranus/Neptun-Aspekt (1993-95) seinen Teil beiträgt

Das mythopoetische – oder »mythenbildende« – Denken ist ein Zustand, in dem das Bewusstsein für magische und nicht-rationale Dinge für uns von Bedeutung ist. Als Peleus in der *Ilias* Phoinix mit der Erziehung von Achilles betraut, bittet er ihn, seinen Sohn zu einem guten »Ratgeber« – *muthon rheter* – zu machen[5]. Der »Ratgeber« ist also der Erzähler von Mythen. Offenbar müssen die Menschen, wenn sie sich an die Götter wenden, positive Texte (*muthoi*) singen und reine Worte (*logoi*) gebrauchen.[6] Das bedeutet, dass *mythos* der Inhalt ist und *logos* die Form, in der dieser

5 Homer, *Illias*, Buch IX,443.

6 Xenophanes, »Xenophanes on Drinking-Parties and Olympic Games«, Frag. 1.13-14, Illinois Classical Studies, 3/1978.

Inhalt ausgedrückt wird! Wir könnten endlos so weitermachen, aber ich glaube, Sie haben verstanden, worum es geht.

Zuhörer: Ich denke, der Unterschied liegt in der verwendeten Terminologie. Das Wort »Mythos« bezeichnet eine Erfahrung, und um diese Erfahrung zum Ausdruck zu bringen, braucht man eine Form oder ein Wort. Mythen sind also Erfahrungen und keine Geschichten.

Erin: Genau. Auch Astrologie ist – wie der Mythos – eine Erfahrung, und wir benutzen unseren Logos, um diese Geschichte zu erzählen. All dies ist übrigens der Bereich Jupiters. Wir benutzen unseren Jupiter, um umfassende Systeme zu verstehen.

Es ist wichtig, zwischen Mythen (Geschichten mit einem hohen moralischen Gehalt) und Fabeln, Sagen oder Legenden (die eigentlich im Gesellschaftssystem verwurzelt sind) zu unterscheiden. Außerdem haben Fabeln, Sagen und Legenden mehr mit der Moral, den gesellschaftlichen Strukturen und den Gesetzen einer Kultur zu tun – sie beruhen in gewisser Weise auf historischen Fakten. In dieser Hinsicht unterscheiden sie sich stark von den Mythen. Eine mögliche Definition wäre, dass Mythen Geschichten oder Erzählungen sind, die sich vor allem mit den Göttern und der Beziehung der Menschheit zu diesen Göttern beschäftigen.

Eine der wunderbarsten westlichen Erzählungen von Göttern, Helden und Sterblichen ist Homers Epos *Ilias*. Die *Ilias* wurde um 800 v. Chr. aufgezeichnet und behandelt die letzten Tage eines Krieges zwischen den Griechen und den Trojanern. Von größerer Bedeutung für uns ist jedoch, dass es sich um eine Geschichte über die Beziehung zwischen Göttern und sterblichen Helden handelt. Unter einem bestimmten Gesichtspunkt betrachtet scheint es, als brauchten die Götter menschliche Wesen, damit diese als ihre irdischen Vertreter handeln konnten. Die *Ilias* ist eine Erzählung über »oben und unten«, d.h. über die Götter im Himmel und die Sterblichen auf Erden. Man gewinnt den Eindruck, dass einige Götter dort oben auf eine bemerkenswert menschliche Weise agieren, aber in größerem Stil. Ich meine, sie sind von kleinlichen Eifersüchteleien erfüllt, ständig manipulierend auf dem Weg zur Macht. Während der ersten Hälfte geht Achilles schmollend und trübsinnig seiner Wege, weil ihm seine Freundin genommen worden ist;

er ist die ganze Zeit über in einer schrecklichen Stimmung. Unterdessen spielen sich im Gebiet der Götter alle diese kleinlichen Machenschaften ab – und finden auch auf Erden ihren Niederschlag! Achilles gibt Zeus die Schuld an seinem Wahnsinn und behauptet, er hätte ihn seines Verstandes beraubt. Zeus wiederum beklagt sich, dass die Menschen für ihr eigenes schlechtes Verhalten immer die Götter verantwortlich machen!

In der *Ilias* besteht eine Beziehung oder Parallele zwischen den Handlungen der Menschen und denen der Götter. Es ist, als wären die Götter Marionettenspieler, die nach ihrem eigenen Bild Sterbliche geschaffen haben, damit diese die »menschlichen Aufgaben« für sie erfüllen. Ein Beispiel ist die Göttin Aphrodite, die gewisse Dinge nicht tun konnte, weil sie unsterblich war, und dafür Helena hatte. Helena von Troja war das menschliche Ebenbild von Aphrodite. Daher kommen diese Personifizierungen. Alle diese Sterblichen handeln in Übereinstimmung mit der Natur der Götter. Man kann das von vielen verschiedenen Seiten betrachten – wie erzählen wir das und worum geht es in dieser Geschichte eigentlich?

Die Quellen der Mythen sind uns jetzt nicht mehr zugänglich. Der einzig wahre Weg, um heutzutage mit dem mythologischen Reich in Berührung zu kommen, liegt in der Beziehung des Menschen zu sich selbst, in einer engen Verbindung zu der Welt im eigenen Inneren. Die Astrologie bildet eine Brücke zwischen der archaischen Welt der Götter und Symbole und der bewussten Welt »dort draußen«, in die wir alle auf komplizierte Weise verwickelt sind. Eigentlich unterscheidet sich das, was wir heute tun, kaum von den Verhaltensweisen, die wir in den Mythen und Geschichten über die Götter finden. Wir können sie auf diese Weise betrachten. Doch das Besondere an den Mythen ist, dass sie außerhalb unseres linearen Zeitbegriffes und jenseits des verstandesmäßigen Denkens existieren. Sie sind irrational und magisch – und haben nichts damit zu tun, wie wir uns unsere Zukunft vorstellen und wie weit wir sie tatsächlich beherrschen oder selbst gestalten können. Mythen haben mit unserer instinktiven – vielleicht sogar unserer religiösen – Seite zu tun.

Das kulturelle Bedürfnis, Mythen rational zu erklären, entstand um 500 v. Chr. und gewann auf Grund des entwicklungsbedingten Druckes, den die aufkommende Demokratie auf die Zivilisation ausübte, zunehmend an Bedeutung. Die Organisation von Kirche und Staat sowie die Trennung von Natur und Kultur im Athen des fünften Jahrhunderts waren die direkte Folge einer Zeit, die unserer heutigen ähnelt. Die Griechen befanden sich zwischen zwei Welten – in der einen waren der göttliche Ratschluss und die Naturgesetze allgemein anerkannt, in der anderen war man auch den von Menschen geschaffenen Gesetzen unterworfen, die immer weiter zunahmen.

Es erhoben sich moralische Streitfragen über »zivilisiertes« Verhalten, wie es von der Gesellschaftsordnung diktiert wurde, und den mythischen Aktivitäten der Götter. Man konnte als Entschuldigung für sein schlechtes Verhalten anführen: »Zeus hat mich dazu gebracht, das zu tun«. Mag sein, dass Zeus in der *Ilias* Achilles um den Verstand gebracht hat, indem er ihm *Até* (Verblendung) einflößte. Doch damit würde man in dem neu gegründeten Gerichtshof von Athen nicht durchkommen! Es musste etwas geschehen. Zum Bespiel bildete sich im Athen des fünften Jahrhunderts eine Gesellschaftsordnung – sandte man sein Sklavenmädchen zum Einkaufen auf den Markt und wurde es dort vergewaltigt, dann kam der Täter bei Gericht nicht mit dem Argument davon »Was soll's, schon Zeus hat das getan, warum darf ich es nicht?« Ganz recht. Zeus konnte sich in einen Schwan, einen Stier oder in goldenen Regen verwandeln, um sich einer Sterblichen zu nähern – aber können wir das bei einem Durchschnittsbürger in Betracht ziehen? Eigentlich nicht. So mussten sie einen gewissen Sinn für geordnete Zustände entwickeln.

Als Folge davon tauchte im gemeinsamen, einverständlichen Wirken von Göttern und Menschen eine große Spaltung auf, denn die Menschen erkannten allmählich, dass das Verhalten der Götter nicht länger als ein Spiegel für menschliches Verhalten gelten konnte. In der Hauptsache ging es um den Wechsel zu einer Kultur, in der das Motiv einer Handlung verstanden werden musste (*mens rea*). Wille, Bewusstsein und Absicht nahmen Gestalt an. Die Ethik der früheren Kultur war eine Kultur der »Schande«, in der die Handlungsweise wichtiger war als das zugrunde liegende Motiv. Man wurde von den anderen beobachtet, und es war wichtig, was man tat, weil es sich auf die Götter bezog. Mit anderen Worten, warum man etwas tat, stand eigentlich nie zur Debatte. Doch später, als sich die westliche Zivilisation zu entwickeln begann, wurde es sehr problematisch. Und da tauchte auch zum ersten Mal das Schuld-Konzept auf. Der Übergang von einer Kultur der »Schande« zu einer Kultur der »Schuld« steht in engem Zusammenhang mit dem Auftreten des Jupiter/Zeus-Bewusstseins, bei dem Zeus vom äußeren Gott zur inneren moralischen Instanz wird.

Im Laufe dieser Entwicklung von der Schande zur Schuld wurden die Erklärungen für die Mythen sehr psychologisch. In den Theaterstücken, die jedes Jahr geschrieben und im Theatre Dionysos aufgeführt wurden, ging es um die Darstellung der Taten von Göttern, Helden und normalen Sterblichen sowie um deren Verhaltensmuster und gegenseitigen Beziehungen. Ein Großteil der Bemühungen um ein Verständnis der menschlichen Verhältnisse tauchte als Thema oder Motiv in den berühmten Tragödien auf. Ich glaube, ein großer Teil unseres damaligen Tuns bestand in dem Versuch, mit dem Auftauchen von Individualismus und Selbstbewusstsein zurechtzukommen, die aus dem kollektiven Massenbewusstsein hervorgingen und ziemlich beunruhigend waren. Mit anderen Worten, eine eigenständige Persönlichkeit zu werden verlangt große Anstrengungen und viel Mut. Das umfasst nicht nur die Entwicklung der persönlichen Individualität (Individuation), sondern auch ganze Kulturen, die sich individualisieren und von der eigenen kollektiven Vergangenheit trennen.

Die schwierige Geburt der Vernunft führte zu unserer heutigen Denkweise, wobei wir uns in mancher Beziehung genau bewusst sind, etwas Wertvolles, Leuchtendes, Wunderbares verloren zu haben, das größer war als wir selbst. Aber vielleicht hat auch das seinen Sinn. Möglicherweise dient diese ganze Trennung und Unterscheidung sowie das Entstehen des Individualismus auch einem bestimmten Zweck, denn wir nähern uns gerade einer Seinsebene, die meiner Meinung nach viel effizienter und höher ist und uns erlaubt, bewusst anstatt unbewusst ein Teil des Ganzen zu sein – und dieser Annäherungsprozess geht noch weiter.

Ich möchte nun zu den Methoden kommen, die traditionelle Kenner des Klassischen Altertums zur deutung von Mythen entwickelten, um danach dazu überzuleiten, wie und wo wir in unserer Arbeit die Interpretation von Mythen anwenden könnten. Vielleicht können wir unsere Weltanschauung und unsere Arbeit mit anderen Menschen schon allein dadurch verbessern, dass wir archetypisches Verhalten (im Gegensatz zu stereotypem Verhalten) erkennen und in dieser chaotischen Zeit des grundlegenden Wandels von Werten, Moral, Überzeugungen, Beziehungen und der Weltpolitik einen größeren Zusammenhang sehen können, in den sich unser persönliches Leben einfügt.

Zuhörer: Glauben Sie, dass diese Spaltung zwischen Natur und Kultur bzw. die Entwicklung von mehr Selbstbewusstheit, die Sie beschreiben, etwas mit unserer Wahrnehmung von uns selbst als »gut« oder »böse« zu tun hat? Besteht ein Zusammenhang zwischen der Jupiterstellung in unserem Horoskop und der Art und Weise, wie wir uns selbst beurteilen und unsere »guten« und »schlechten« Seiten abwägen – basierend auf unserem Wissen von der tiefen archetypischen Ebene und gemessen an dem, was unsere Eltern und die Gesellschaft uns lehrten? Worin unterscheidet sich persönliche Schande von Schuld?

Erin: Die Antwort auf Ihre erste Frage lautet: Ja, absolut. Jupiter ist der moralische Richter, seine Stellung gibt uns Aufschluss über unsere Fähigkeit, Mythen – unser mythisches Selbstbild – zu deuten und zu unterscheiden zwischen »Schande« (d.h. von anderen als »böse« angesehen zu werden) und »Schuld« (das persönliche Empfinden eines inneren, instinktiven Unbehagens über eine moralische oder gesellschaftliche Maßnahme oder über etwas, das wir selbst getan oder gefühlt haben). Jupiter steht auch für »übernommene Weisheit«, wie wir in seinen Mythen sehen werden – eine Weisheit aus der Zeit der großen Mutter-Religionen, die jedoch in der darauf folgenden von Männern beherrschten Gesellschaft mit ihren Göttern im Himmel nicht überleben konnte. Zeus musste einen seiner Gefährtinnen, Metis, verschlingen, deren Name »weiser Rat« bedeutet. Indem er von »weisem Rat« aß, hatte er sich Weisheit einverleibt, doch war er nicht weise geschaffen worden.

Nun zum Thema Schande und Schuld: Schande oder Scham empfinden wir, wenn uns eine äußere Macht (oftmals ein Elternteil) auf eine Unzulänglichkeit hinweist. Schuld empfinden wir, wenn wir etwas getan haben, das unserem eigenen Gefühl von »richtig« oder gut widerspricht. Offenbar sind einige Menschen für Scham- und/oder Schuldgefühle stärker anfällig. Die Jupiterstellung im Horoskop hilft uns, diese komplizierte Dualität besser zu verstehen. Jupiter zeigt uns auch, wo wir Schande oder Schuld über andere verhängen – drängen wir anderen Menschen unseren Moralkodex auf, dann fühlen sie sich verurteilt.

Wenn wir betrachten, wie Freud und Jung die Mythen anwandten, werden wir sehen, dass eine gewisse Abwendung vom stereotypen Verhalten und ein Wissen um eher archetypisches Verhalten besteht – mit anderen Worten, die gesamte Menschheit ist durch ein gemeinsames Fundament (oder, wenn man so will, eine Art kollektives Sammelbecken des Bewusstseins) verbunden. Das bedeutet, dass wir quer durch die Kulturen miteinander in Beziehung stehen und faktisch voneinander abhängig sind. Stereotype Vorstellungen und Verhaltensweisen tauchen in bestimmten Kulturen auf, sie entstammen eher unseren Familien oder einem örtlich begrenzten Bezugssystem als einer globalen Betrachtungsweise. Aber die Wurzel des Stereotypen ist der Archetypus selbst. Besonders wenn wir etwas so Wunderbares und Großes wie Mythen betrachten, können wir manchmal nicht anders – wir müssen ihnen einfach unsere eigene Weltanschauung unterschieben.

Es ist sehr schwierig, sich in die antike Welt zu versetzen. Es besteht die große Gefahr, dass wir unsere moderne Weltanschauung auf ein Volk oder eine Kultur projizieren – und darin liegt ein Teil des Problems, was das Verstehen von Mythen betrifft. Wir wissen nicht wirklich, wie der Mensch der Antike seine Welt erlebte. Wir neigen dazu, die Menschen der Frühzeit als primitive Wilde anzusehen, die sich auf eine Weise durchs Leben schlugen, an die wir nicht einmal im Traum denken würden. Und doch gibt es eine Menge Beweise dafür, dass diese Menschen hochzivilisiert waren und enorme Kenntnisse besaßen und dass es zweifellos Kunst, Schönheit und Harmonie gab. Vor 12.000 Jahren lebten

Menschen und Tiere in gegenseitiger Abhängigkeit zusammen. Die Höhlenmalereien in Lascaux zeigen zum Beispiel, dass eine gewisse vernünftige Arbeitsteilung bestand, in der jeder das tat, was gerade nötig war. Vermutlich gab es keinen Streit darüber, ob diese Arbeit von einem Mann und jene von einer Frau verrichtet werden sollte. Das sind Stereotypen – Männer und Frauen tun dies, bestimmte Menschentypen machen das, diese Kultur tut jenes, und so fort. Der Archetypus lässt Unterschiede zu, aber das Wissen um diese Unterschiede vereint uns und schafft ein Gefühl der Ganzheit.

Die Rationalisierung von Mythen

Gehen wir weiter zu einigen anerkannten Erklärungen von Mythen: Es gibt Schlüsselfiguren, die zur Kategorisierung in der Mythologie beigetragen und gewisse systematische Ansätze entwickelt haben. Auf dem Weg zu unserem gegenwärtigen Standpunkt (unserem persönlichen Vorurteil) kann es nicht schaden, einige dieser historischen Steinzeit-Theorien zu umreißen.

Naturmythen: Max Müller, ein Professor in Oxford, sah Mythen als »Natur-Mythen«. Mit anderen Worten, alle Mythen beziehen sich auf Naturgesetze oder kosmische Gesetze – sie erklären die Natur. Das kommt der ätiologischen Deutung, mit der wir uns als nächstes befassen, sehr nahe. Dabei werden alle Naturerscheinungen – vor allem meteorologische und kosmologische Phänomene – als Taten der Götter erklärt. Das heißt, im mythenbildenden Denken *ist* Zeus Donner und Blitz – letztere haben dann nichts mit Konvektion zu tun. Ein Mythos ist die Erklärung für etwas, das verstandesmäßig nicht erfasst werden kann; deshalb haben die Menschen der Frühzeit Geschichten erfunden, die ihnen halfen, Überschwemmungen, Feuersbrünste, Seuchen etc. zu bewältigen und einzuordnen. So wie Zeus den Blitz verkörpert, ist Poseidon ein Erdbeben und sind Boreas oder Äolus Winde.

Diese Auffassung erklärt auch die Rituale archaischer Völker zur Zeit des Sonnenaufgangs (Schlagen von Trommeln), des Sonnenuntergangs, bei Finsternissen, bestimmten Mondphasen und so fort. Es wurden Rituale durchgeführt, um die Sonne bei ihrem Aufgang zu unterstützen und ihr auf ihrem Weg über den Himmel zu helfen; bei Sonnenuntergang gab es dann andere Riten, die der Sonne versichern sollten, dass ihr Wiedererscheinen nach diesem Abstieg in die Unterwelt erwünscht war und begrüßt werden würde. Diese Betrachtungsweise wurde von Andrew Lang als falsch angesehen und verspottet. Er vertrat die Ansicht, dass alle Mythen den Versuch darstellten, den Ursprung der Dinge zu verkünden.

Die ätiologische Deutung: Andrew Lang legte seiner Auffassung das Konzept von *aition* – Beginn, Ursache, Ursprung – zugrunde. Dieser Ansatz sieht den Verfasser von Mythen als eine Art primitiven Wissenschaftler, der die Mythen für die Erklärung von Tatsachen benutzt, die innerhalb des begrenzten Horizonts der Gesellschaft jener Tage nicht anders erklärt werden konnten. Auch das erscheint uns nicht als besonders zufriedenstellend. Schöpfungsmythen erklären, wie die Dinge entstanden sind, weil der Verstand ein Chaos oder Vakuum nicht ertragen kann. Wir befinden uns noch immer in diesem Stadium, wo wir den Ursprung der Dinge erklären wollen! Wir versuchen das noch immer. Unser Jupiter muss einfach »wissen«, warum etwas ist wie es ist.

Verfassungs-Mythen: Eine andere Betrachtungsweise der Mythen wurde von Malinowski entwickelt. Er fand, dass es zwischen gesellschaftlichen Bräuchen und Mythen eine enge Verbindung gab – als wären die Mythen von einem Volk geschaffen worden, das sich seiner Gesellschaftsordnung bewusst war und die Mythen als eine Methode zur Errichtung von Recht und Gesetz benutzen wollte. Und so schafft die Theorie der »Verfassungs-Mythen« – die eine genauere Betrachtung ebenfalls lohnt – eine Art Rechtslage, in der es Präzendenzfälle für einen Moralkodex gibt. Zum Beispiel würden die Götter für gewisse Verletzungen der Moral (wie Inzest und Mord oder Diebstahl) eine Strafe zumessen und auf diese Weise Ordnung schaffen. Man bezieht sich also auf den Mythos und sagt: »Ich zitiere nun den Fall So-und-so, um die Strafe für diese Todsünde festzusetzen.« Die Verfassungs-Theorie geht davon aus, dass wir Mythen benutzen, um eine

Gesellschaftsordnung aufzubauen. Das impliziert auch, dass Mythen geschaffen werden und nicht aus dem großen allgemeinen Unbewussten emporsteigen – was einige andere Darsteller von Mythen glauben. Malinowski hat etliche Bücher geschrieben, aber es gibt ein spezielles Buch mit dem Titel *Myth in Primitive Psychology,* das die Verfassungsidee sehr gut beschreibt. Es wurde 1926 geschrieben, also etwa zu der Zeit, als das, was wir heute als moderne Psychologie kennen, aufkam. Er versucht auf jede Weise, Mythen zu einem Produkt des bewussten Denkens zu machen, anstatt sie als einen spontanen Ausdruck der kollektiven Psyche anzuerkennen. Ich weiß nicht, wo Sie dieses Buch noch bekommen können.

Zuhörer: Es macht Sinn, dass Gesetze aus Mythen hervorgehen, dass wir uns nach den Göttern und dem, was sie tun oder sagen, richten sollten. Diese Interpretationsweise scheint dem, was wir in der Astrologie tun, näher zu sein.

Erin: Es kommt dem ein bisschen näher, denn es anerkennt die Macht unsterblicher Wesen und deren Beteiligung an unserer Gesellschaft und Kultur. Diese Betrachtungsweise der Mythen ist ziemlich legalistisch, denn die Taten der Götter gelten als Präzendezfälle für soziale oder moralische Regeln.

Die Ritualistische Deutung: Sie stellt die nächste große Einteilung dar. W. Robertson Smith versuchte, alle Mythen auf eine Beschreibung von Ritualen zu beschränken, die von den Menschen der Vorzeit und der Antike durchgeführt wurden. J. G. Frazer schrieb mit *Der Goldene Zweig*[7] das Standardwerk einer »ritualistischen« Deutung von Mythen. Frazer versuchte in seinem Klassiker, Mythen auf eine bestimmte Weise zu interpretieren. Dabei erkannte er – und das ist ziemlich bedeutsam – eine Analogie zwischen den Stammesriten des primitiven Menschen und den hohen klassischen Mythen. Daraus schloss er, dass jedes rituelle Verhalten ein Versuch des »Wilden« war, auf die göttliche Ebene aufzusteigen. Frazers Erklärung der Mythologie nennt man die »ritualistische« Interpretation. Frazer sagte, dass Mythen

7 Frazer, James George. *Der goldene Zweig (The Golden Bough): Das Geheimnis von Glauben und Sitten der Völker.* Leipzig, 1928.

geschaffen wurden, um Stammesrituale verschlüsselt zu erklären. In Frazers Werk, so erstaunlich es auch ist, gibt es eindeutig einen Anflug elitären Denkens.

Zuhörer: Wie können wir den Charakter eines Horoskops durch mythologische Bezüge verstehen? Wie es scheint, hat es schon eine Menge Meinungen und Theorien rund um die Mythen und ihre Bedeutung gegeben. Ist das deshalb so, weil Jupiter die Mythen regiert?

Erin: Ja, das ist der Grund. Denn im 9. Haus geht es um das vernunftmäßige Erfassen des Göttlichen, um den Versuch, die Gottheit zu erkennen. Dabei beziehen wir bei unserem Blick auf das große Ganze Jupiter mit ein. Wie ich bereits zu Anfang bemerkte, ist Jupiters Domäne der Bereich des eifrigen Rationalisierens sowie das Gebiet des 9. Hauses, in dem wir den Sinn unseres Lebens suchen. Ich versuche, Ihren Jupiter auf möglichst breiter Ebene zu aktivieren, damit Sie beim Weggehen noch offene Fragen und Zweifel haben, die es Ihnen ermöglichen, den eigenen kulturellen Vorurteilen und fundamentalen Wahrheiten auf den Grund zu gehen und das große Ganze besser zu verstehen.

In Jupiters Bereich blicken wir immer weiter nach vorne, bis an den Horizont von neuem Leben, neuen Ideen und neuem Verständnis. Und hier ist auch der Ort, an dem wir neue Überzeugungen, Dogmen und sorgfältig gegliederte Systeme für das Unbeschreibliche schaffen. Ich denke, es herrscht Übereinstimmung darüber, dass in allen Kulturen ein Sinn für das Göttliche existiert, doch in welche Form die einzelnen Kulturen diese vage spirituelle Erfahrung kleiden, fällt in den Herrschaftsbereich des 9. Hauses, des Schützen und Jupiters. Ich hoffe, Ihnen eine reiche Erfahrung von Jupiters Gaben zu vermitteln – einen Überblick, der uns zum Ursprung unserer Anwendung von Mythen im Horoskop führt und uns zeigt, wie Jupiter als Herr unseres Denkvermögens fungiert.

Bis jetzt gibt uns keine der erwähnten Betrachtungsweisen eine Erklärung für Mythen oder hilft uns, sie zu verstehen – woher sie »kommen«, was sie sind und warum es in allen Kulturen archetypische Sagen über göttliche Wesen gibt, die einen tiefen Einfluss auf das irdische Leben haben. Die Tatsache, dass so viele große

Geister sich damit herumgeschlagen haben, hat sicherlich eine Bedeutung – es gibt da etwas Tiefes, Verborgenes, zu dem man vielleicht Zugang findet. Doch keine der bisherigen Erklärungen berücksichtigt die imaginativen oder metaphysischen Aspekte, die für mich eine authentischere Erfahrung von Mythen darstellen – dass das Numinose tatsächlich existiert, dass es ist eine größere Macht ist, die über uns, in uns und um uns herum wirkt. Es gibt noch eine andere Theorie, die ich besonders schätze und sehr vernünftig und nützlich finde:

Rück-Verzauberung oder *Übergangs-Riten (»rites de passage«):* Mircea Eliade glaubte, dass man durch das Rekonstruieren einer Ära auch deren Kraft neu beleben könnte. Indem man die Mythen und Rituale ausführt und die Symbole mit heranzieht, kann man sich mit der magischen Vergangenheit wieder vereinigen. Ich nenne es »Rück-Verzauberung«, doch die offizielle Bezeichnung lautet *»creative era«* (»schöpferische Epoche«). Nun sind die griechischen Mythen eigentlich nicht besonders magisch oder von numinoser Religiosität, (dabei lasse ich diejenigen Mysterienkulte außer Acht, die, wie ihr Name schon sagt, ins Dunkel gehüllt bleiben – wie etwa die Orphischen Mysterien, der Mithra-Kult, die Mysterien von Eleusis, die bacchantischen Feste, usw.). Unsere westliche Kultur entstammt einem logisch-positivistischen Typus der mythologischen Kultur. Daher funktionieren Übergangs-Riten. Die Rückführung der Erinnerung zu den Ursprüngen und dem Zauber einer längst vergangenen Kultur, an der wir teilhatten, kann die Götter in die entzauberte Welt zurückbringen, in der wir heute leben.

Ich schätze Mircea Eliade besonders und empfehle das Lesen seines Werkes als einen wichtigen Teil Ihres Studiums. Die Rückverbindung zu Übergangs-Ritualen und -Riten ähnelt dem, was unser modernster Mythenschreiber, Joseph Campbell, in seinem Werk und seinen Schriften macht(e). Diese Theorie der *»creative era«* als Lösung für das Geheimnis der Mythen versucht, sie auf weniger destruktive Weise zu deuten als die vier anderen Erklärungsmodelle. Sie zwingt einer alten Kultur nicht so viel von unserer gegenwärtigen Weltanschauung auf und versucht auch nicht, etwas zu erklären. Sie lässt die Mythen einfach für sich sprechen und hilft uns außerdem zu verstehen, warum wir auf unserem Lebensweg Markierungspunkte brauchen. Die Übergänge im Leben müssen erkannt und anerkannt werden! Die Astrologie tut das auf hervorragende Weise – sie kennzeichnet Anfang und Ende von Phasen, Perioden und Ereignissen des Lebens und stellt sie in einen Zusammenhang, der unsere persönliche Mythologie bildet. Ich habe eine Vorliebe dafür, Mythen auf diese Weise in der Astrologie anzuwenden – den Menschen ihre eigene Kraft, ihr Gefühl für den rechten Zeitpunkt und ihren Platz in der Welt wieder bewusst zu machen.

Diese kleine Vorgeschichte über frühere Versuche, Mythen zu erklären, führt uns nun zu einer neuen Methode, der Mythen-Betrachtung. Bis zum 20. Jahrhundert und dem Beginn der modernen Psychologie blieben die Mythen an ihrem alten Platz. Mit Freud wurden sie jedoch wieder zum Leben erweckt. Freud hat uns gewissermaßen zu Plato und Aristoteles zurückgebracht, denn im Grunde greift die moderne Entwicklungspsychologie auf jene Zeit zurück – die Zeit der Vor-Sokratiker und der nachfolgenden griechischen Philosophen, die unser Verhalten hinterfragten. Freud begann, in den Mythen die Prototypen der menschlichen Erfahrung zu sehen – was ziemlich klug war. Eine religiöse Erfahrung zu machen und in der psychologischen Arbeit mythische Analogien zu verwenden, bedeutete für einen Wissenschaftler des frühen 20. Jahrhunderts (der Freud damals war) einen gewaltigen Durchbruch.

Diese mythologischen Prototypen der psychischen Erfahrungen und Verhaltensweisen des Menschen waren für Freud eine große Offenbarung. Sie erinnern an die Zeit des 4. Jahrunderts v.Chr., als Aristoteles herauszufinden versuchte, was in den Menschen vorgeht, wie und warum sie handeln. Er entwickelte den Begriff der *katharsis*, gestützt auf die Tragödien des Theatre Dionysos in Athen, wo alljährlich große, heroische Taten auf die Bühne gebracht wurden. Aristoteles präsentierte die Theorie, dass das Beobachten und teilnahmsvolle Nachempfinden des Dramas eine Katharsis – oder Läuterung – hervorruft, und dass man durch das Miterleben und Erzählen der Geschichte sich selbst heilen kann. Diese kathartische Erfahrung ist etwas, das wir heute in der Psychotherapie und in der Astrologie einleiten. Durch das Erzählen der Geschichte kann die Heilung stattfinden, und wenn wir erkennen, dass wir an etwas teilhaben, das viel größer ist als unser Leben als Einzelner, dann befreit uns das natürlich von einer gewissen Last – der Last der Entfremdung und Isolation. Deshalb forscht Jupiter nach Angehörigen seines »Stammes« und sucht überall nach Gleichgesinnten – oder er verbeißt sich in irgendeine Sache, wird auf eine starre, beschirmende und fremdenfeindliche Art dogmatisch und regiert eine kleine Gruppe oder einen Verein mit eiserner Hand.

Freud und die Ödipus-Sage

Ich erwähnte bereits ein Übergangsstadium in der Antike, in dem das vorherrschende kulturelle Bewusstsein von dem Gefühl der Schande oder Scham zur Schuld wechselte. Dieser Übergang dauerte Jahrhunderte, und sogar nach dem Athen des fünften Jahrhunderts, mit seiner »neuen Aufgeklärtheit« und der Geburt der Psychologie, gab es noch sehr starke Zeichen der Schande. Es ist sehr schwierig, die beiden auseinander zu halten, doch im Grunde hat Schande mit einem auf die Gesellschaft bezogenen Verhaltensmaßstab zu tun (Freuds Über-Ich), während mit Schuld das persönliche Gefühl verbunden ist, ein göttliches Gebot übertreten oder gegen unser Empfinden göttlicher Reinheit gehandelt zu haben. Freud war von den Themen Schuld und Sünde förmlich besessen. Im Grunde war er ein Aristoteliker, denn seine Gedanken waren formelhaft und er forschte immer nach der Grundursache einer psychosomatischen Erkrankung.

Die nun folgende, oft erzählte Geschichte ist unbestätigt, klingt jedoch wahr – vielleicht sind die Einzelheiten ein wenig verändert worden. Eines Abends ging Freud in Wien ins Theater, wo das Antike Theater aus Athen das Stück *Oedipos Tyrannos* aufführte. Zu jener Zeit lasen viele gebildete Menschen die alten Griechen, so nahm auch Freud als braver Gelehrter eine Kopie des Stückes mit und saß aufmerksam beobachtend im Publikum.

Hier in Kürze die Geschichte des Ödipus: Er wurde nach seiner

Geburt auf einem Berggipfel ausgesetzt und dem Tod überlassen, jedoch von einem Ehepaar entdeckt, das ihn mit nach Hause nahm und aufzog. Das Orakel hatte prophezeit, dass er einst seine Mutter heiraten und seinen Vater töten würde – und im weiteren Verlauf seines Lebens geschah genau dies. Es gab jedoch einen Zeitpunkt im Leben des Ödipus, an dem er nichts davon ahnte, dass er die vorhergesagte Tat vollzogen hatte – dass der Mann, den er an der Wegkreuzung getötet hatte, sein Vater, und die Frau, mit der er gelebt und ein Kind gezeugt hatte, seine Mutter gewesen war. Er selbst wusste nichts davon, aber seine Mutter erkannte allmählich die schreckliche Wahrheit.

An diesem kritischen Wendepunkt wird das Stück sehr, sehr intensiv, denn Iokaste, die Mutter, weiß, dass sie Ödipus davon erzählen muss, und sie hat schreckliche Angst davor, wie ihr Sohn darauf reagieren würde. So sucht sie also nach Mitteln und Wegen, ihn zu beruhigen, was ihm Anlass zu Sorge gibt (und der Chor ist rasend vor Angst und stößt unheilverkündende Warnungen aus). Er fragt: »Was ist los? Warum geschehen all diese schrecklichen Dinge? Welcher Fluch hat uns getroffen?« Und sie sagt: »Schau, alles ist gut. Es ist in Ordnung, mach dir keine Sorgen. Es wird sich schon alles finden.« Und das enthüllende Zitat lautet: »Viele Männer haben im Traum mit ihrer Mutter geschlafen.«

Wie es heißt, sprang Freud an diesem Punkt des Stückes auf, stürmte aus dem Theater, raste nach Hause und verbrachte die nächsten 48 Stunden damit, wie besessen seine Lehre zu entwickeln und niederzuschreiben. Den Rest seines Lebens verbrachte er dann damit, diese Lehre zu verteidigen.

Wir haben nun den grässlichen Ödipus-Komplex am Hals, so lange wir ihn ertragen können. Andererseits hat Freud in diesem Augenblick der Erkenntnis eine Tür geöffnet, die uns bewusst machte, dass wir Teil eines größeren Ganzen sind. Er folgerte, dass, wenn Sophokles (zweifellos ein geborener Psychologe) im Athen des 5. Jahrhunderts diese Geschichte darstellte, sie auch heute noch eine nützliche Allegorie für die erotische Komponente in gegengeschlechtlichen familiären Beziehungen sein würde. Wie auch immer, ödipale Beziehungen existieren und sie sind noch immer die Ursache schwer wiegender Beziehungsprobleme. Offensichtlich hatte Freud zu dieser Geschichte eine persönliche Verbindung und erkannte dadurch, dass seine eigenen Erfahrungen und die seiner Patienten vielleicht durch archetypische Situationen erklärt werden können. Als Astrologen arbeiten wir oft auf diese Weise. Wir erzählen den Klienten passende Geschichten und beziehen diese auf einen Aspekt ihrer eigenen persönlichen Erfahrungen. So stellen wir ihr Leben in einen bedeutenderen und größeren Zusammenhang.

Das Problem mit Freud ist, dass seine Anwendung der Mythen und Erzählungen, obzwar berechtigt und begründet, eigentlich dazu diente, Klischeevorstellungen zu schaffen. Er selbst verhärtete und hörte auf, sich weiterzuentwickeln, als er den kritischen Zeitpunkt der Lebensmitte erreicht hatte. Doch sein Vorstoß in diesen Bereich öffnete zukünftigen Mythenforschern die Tür, und C. G. Jung durchschritt sie. Ich versichere Ihnen, man muss nicht an einen Mythos glauben, damit er sich wiederholt! Man könnte auch sagen, man muss nicht an den Schraubenzieher glauben, um mit ihm eine Schraube zu lösen. Obwohl es im Allgemeinen die abstrakten Denker sind, die die Mythen ernst nehmen.

Eine andere Jupiter-Geschichte ist die bewegende Sage über den Minotaurus und die Reise des Theseus in das Kretische Labyrinth, wo er Minotaurus tötete, seinen Weg zurückverfolgte, sich eine Frau nahm und in seine Heimat zurückkehrte, um seinen Vater zu rechtfertigten und eine neue Ordnung aufzustellen. Dieses Thema passt perfekt zu jedem Geschehen, bei dem wir einer Sache auf den Grund gehen, uns ihr stellen, den »bösen« Teil töten und den Weg zurück nach Hause finden müssen. Das ist ziemlich oft der Fall. Zum Beispiel, wenn wir regelmäßig – sei es psychologisch oder tatsächlich – in die Matrix unserer Familie zurückkehren müssen, um uns zu den dort verbliebenen Teilen unseres Selbst zu bekennen; oder wenn wir unseren Weg durch das Labyrinth der Psyche bis in das innerste Zentrum suchen müssen, um einen verloren geglaubten Schatz unseres Selbst gewaltsam herauszuholen, oder einen Schatten-Drachen zu töten, oder den Jungfrau-Teil unseres Selbst zu retten. Manchmal müssen wir in das Zentrum unseres Ursprungs zurückkehren, weil dort vielleicht etwas unseren kreativen Kern verschlingt, zerstört oder zunichte macht. Dieses Thema wiederholt sich – an bestimmten Punkten in unserem Leben müssen wir das tun.

Bei Picasso brachte die Zeit der Lebensmitte eine innere Reise zum Zentrum seiner Kreativität mit sich, und der Minotaurus wurde ein Sinnbild dieser Exkursion in die eigene Seele. Er war besessen vom Bild des Minotaurus und fertigte wunderschöne Bilder und Zeichnungen dieses Motivs und seiner damit verbundenen Erfahrungen an. Interessant ist, dass für Picasso mit Skorpion-Sonne der Stier sein »Schatten-Zeichen« darstellte, also war sein Gegenpol auch seine Befreiung. Er musste seinem Pendant unmittelbar begegnen – seine Minotaurus-Periode war überaus fruchtbar. Er war wie besessen von diesem traurigen Monster, das ihn – metaphorisch gesprochen – bei lebendigem Leibe auffraß, indem es seine kostbarste schöpferische Quelle vernichtete.

Für Freud stellte die Bekanntmachung der Idee, dass wir diese großen Bilder widerspiegeln und nutzen könnten, einen Durchbruch dar. Und sie stimmt – denn wir alle kennen Zeiten, in denen wir im Labyrinth unserer Psyche umhergewandert sind, um etwas zu erreichen, das uns im tiefsten Inneren zu zerstören schien. Die Pionierarbeit mit den Mythen und die Verwendung des »Großen Bildes«, die Freud einleitete, wurden von C. G. Jung weiterentwickelt und vertieft. Es kam darüber zu einer schrecklichen Meinungsverschiedenheit. Jung hatte einen Traum und weil er und Freud zusammen eine Analyse machten, erzählte ihm Jung davon. Im Traum betrat er ein Haus, ging die Treppe hinab in den Keller, wo er früher schon gewesen war. Dort fand er eine Bodenklappe, öffnete sie und stieg immer tiefer hinab bis in einen abgelegenen Teil des Untergeschosses, wo Totenköpfe und Knochen herumlagen. Jung interpretierte dies als Durchbruch zu einer anderen Ebene, einer fundamentaleren – wenn man so will, archetypischen – Ebene, auf der die Reihe unserer Vorfahren sich zur Verfügung stellt, damit wir sie erreichen und in unserem täglichen Leben nutzen können.

Als er Freud diese Idee mitteilte, verlor der die Fassung, denn er konnte mit diesem Konzept nichts anfangen. Er bezeichnete es als Blasphemie (gegen sein eigenes – Freuds – Dogma). Es war undenkbar, es war lächerlich und es konnte nicht sein. Ein kollektives Unbewusstes, wie Jung es beschrieben hatte, war einfach unmöglich. So offerierte Jung einen neuen Umgang mit den Mythen und eröffnete damit eine ungeheure Freiheit. Sein Werk, besonders seine Arbeit mit den Archetypen, stellt einen Durchbruch im Denken dar.

Natürlich war Jung ein Mensch seiner Zeit und damit ihren Zwängen unterworfen – auch er wurde in eine Periode offensichtlicher Konventionen und kultureller Einschränkungen hineingeboren, in der er arbeiten und gegen die er ankämpfen musste. Jung empfand die Trennung zwischen Seele (*psyche*) und Körper (*soma*) als zu polarisiert. Dass Freud den Körper als vom Denken getrennt behandelte, sich zudem als unfähig erwies, beides zusammenzubringen und miteinander zu verbinden, war ein Ansporn für Jungs Arbeit. Freud betonte mehr die logische (*logos*) Seite im Gegensatz zu der eher irrationalen und archetypischen Seite (*mythos*). Ich möchte sagen, dass für Freud in der Psychologie der Logos wichtiger war, während Jungs Idee der Archetypen-Lehre eine Universalseele zuließ, die Freud nicht anerkannte, denn er hielt sie für einen Ausbund der Phantasie. So öffnete Jungs Philosophie, besonders seine Arbeit mit den Archetypen, das Tor zu einer neuen Art der Interpretation von Mythen.

Die Planeten selbst sind Archetypen. Die Anwendung von Mythen bringt uns die allegorische und kreative Ära zurück, was Mircea Eliade im modernen Umgang mit Mythen für das Wesentliche hielt. Das Konzept einer archetypischen Erfahrung, die von der ganzen Menschheit geteilt wird, eröffnet die Möglichkeit einer allgemein-menschlichen Erfahrung, die allem psychischen Geschehen zugrunde liegt und auf eine gemeinsame Ur-Erfahrung zurückgeht. In der Tat ist die Miteinbeziehung mythischer Erfahrungen in das moderne Leben ein bewusster Versuch, wieder mit der Natur in Kontakt zu treten. Das ist vermutlich der kreativste Aspekt in Jungs Arbeit. Seine Vorstellung, dass wir uns wieder mit der Natur verbinden könnten, dass wir ein Teil von ihr, ja eigentlich eins mit ihr seien, war ein Durchbruch. Das Heilige oder Göttliche war seiner Ansicht nach immanent – nicht außerhalb – und er hatte fürchterlich mit der Vorstellung eines alttestamentarischen Gottes zu kämpfen, die ihm ernste Probleme bereitete. Zum Beispiel schaffte er es nie, nach Rom zu kommen – schließlich nahm er seinen Mut zusammen und plante eine Reise, doch als er sich um die Fahrkarte anstellte, wurde er ohnmächtig. Er konnte einfach nicht in den Zug steigen.

Jungs Anwendung der Mythen ist in zweifacher Hinsicht von größtem Wert. Erstens betont er die psychische Abhängigkeit aller Gesellschaften – der primitiven wie auch der gebildeten – von ihren traditionellen Mythen, die oft durch Religion, Kunst oder Rituale (Passage-Riten) zum Ausdruck gebracht werden. Der zweite Vorteil ist offensichtlich – er sieht das Individuum als Teil einer Gemeinschaft. Wir sind nicht isoliert, fremd, getrennt, alleine. Wir haben eine eigenständige Existenz, aber wir sind nicht ohne Verbindung zueinander.

Um diese Vorstellung von Jung, Eliade und Campbell und deren Beitrag zum Verstehen von Mythologie und Psychologie abzuschließen: Wir bringen oft psychologische und mythologische Themen mit Astrologie in Verbindung, aber Mythen sind nicht eine andere Erklärung für die Astrologie. Astrologie ist für sich selbst genommen schon etwas Schönes und Eigenständiges – sie braucht keine Vorbilder, und wir müssen sie nicht mit einem anderen System oder Modell vereinigen, um sie aufzuwerten. Sie ist für unsere jeweilige Individualität die perfekte Ausdrucksform und auch allein gut anwendbar, um unser Verständnis für die Interaktionen und Beziehungen innerhalb unseres Selbst sowie zwischen uns und anderen zu fördern.

Mythos und Astrologie

Wir können das Horoskop als einen inneren Pantheon betrachten, in dem jeder Planet einen Gott verkörpert, der sich eine günstige Ausgangsposition zu verschaffen sucht. Im normalen Ablauf der Ereignisse bedeutet dies, dass zu einer Zeit ein bestimmter Planet die Herrschaft übernimmt und ein anderer sich gehorsam unterwirft. In unserem Selbst gibt es immer irgendwelche Spannungen zwischen dessen einzelnen Repräsentanten. Wenn wir das Horoskop als eine Art lebendige und mythische Darstellung unseres psychischen Zustandes betrachten und jeden Planeten als ein eigenständiges Mitglied dieses inneren Pantheons ansehen, finden wir die verschiedenen Komponenten unseres Selbst – sogar in all seinen Varianten!

Jeder planetarische Repräsentant hat seinen eigenen Kraftbereich; kein Planet ist mächtiger, wesentlicher oder stärker tonangebend als der andere – soweit es seinen grundsätzlichen Einfluss und seine angeborene Charakteristik betrifft. Doch zu gewissen Zeiten wird eine bestimmte Konfiguration oder ein Planet stärker betont – einmal ist das dieser Planet und dann wieder jener oder eine ganze Konfiguration. Alle Planeten sind für sich genommen gleich mächtig, doch haben sie unterschiedliche Ausmaße und Herrschaftsbereiche, und zu bestimmten Zeiten überschreiten sie die Grenzen zwischen sich und anderen Planeten des Horoskops.

Das erste Astrologiebuch, das ich las, war *Der Sonne/Mond-Zyklus*[8] von Dane Rudhyar. Und obwohl ich in der Astrologie schon 1963 etwas Vertrautes erkannte, wie eine Sprache, die in der Erinnerung wieder auftauchte, konnte ich nicht ganz glauben, dass Planeten etwas für oder gegen uns »tun«. Wie konnte ich Astrologie als etwas ansehen, das einen Zusammenhang hatte und wirklich einen Sinn ergab? Wenn man eine dieser Patent-Anleitungen liest, erfährt man, dass Mars im Löwen dieses und Mond im Skorpion jenes bedeutet – aber warum? Ich meine, ist es möglich, dass die Astrologie die Dinge wirklich so endgültig definieren kann? Einen Planeten für sich zu betrachten und daraus eine Schlussfolgerung über eine Person zu ziehen, funktioniert nämlich nicht – das wäre, als würde man aus der Analyse einer Zelle meines Fingernagels mein Persönlichkeitsprofil ableiten oder meinen Seelenzustand bestimmen wollen.

Die einzige Methode, um die Beziehung zwischen astrologischen Positionen und menschlichem Verhalten zu erkennen, besteht in der Beobachtung der Planetenstellungen zueinander von einem zentralen Standpunkt aus – mit anderen Worten, von uns

8 Dane Rudhyar, *Der Sonne/Mond-Zyklus,* Astrodata, 1988.

selbst aus. Die Beziehungen zwischen den Planeten ähneln also z.B. den Beziehungen der Götterbilder zueinander oder, noch besser, den Beziehungen einiger Aspekte unseres Selbst zu anderen Aspekten in uns.

Ich glaube, keiner der hier Anwesenden könnte tatsächlich sagen, er hätte im Laufe eines Tages nicht irgendetwas geleistet, etwas begriffen oder eine innere Spannung erlebt, die sich zu einer neuen Perspektive entwickelt hat. Wir müssen erkennen, welche Komponenten unseres inneren Selbst, unseres Wesens, mit welchen anderen Komponenten in Konflikt stehen. Wenn wir dies dann auf einen Planeten (eine planetarische Energie oder Charakteristik) beziehen, sind wir schon auf dem Weg zu einem tieferen Verständnis der Astrologie. Manchmal vergleiche ich das Horoskop mit einem Verwaltungsrat, dessen Mitglieder Sonne, Mond, Venus, Merkur, Mars, Jupiter, Saturn, Uranus, Neptun und Pluto alle um einen Tisch versammelt sind, wobei einer von ihnen sich in den Vordergrund spielen will oder Lob und Anerkennung bekommt. Immer gibt es einen Planeten, der verdrängt oder entmachtet worden ist. Und immer wird es nötig sein, den einen oder anderen inneren Konflikt zu lösen. Ich denke, der Planet Jupiter hat eine Schlüsselposition hinsichtlich unserer Fähigkeit, nicht greifbare Dinge klar zum Ausdruck zu bringen und unser geheimnisvolles Selbst rational zu erklären und zu verstehen. Er ist auch der Planet, der unsere neu entdeckte Weisheit verbreitet. Wir alle lieben es, unser Wissen anderen zu vermitteln, nicht wahr?

Die Mythen und das Wissen, dass Planeten Charaktere sind, mythische Persönlichkeiten, die im Horoskop ein Schauspiel inszenieren oder aufführen – das ist *eine* Methode, das eigene Innere zu betrachten. Dabei erkennen wir, dass wir mehr sind als nur ein gewöhnlicher Sterblicher, der sich gerade so durchschlägt, der versucht, seine Hypothek abzuzahlen, der für Nahrung sorgt, und Ähnliches. Darin besteht eine Seite unserer Arbeit – uns so weit über uns hinauszuführen, dass wir uns tatsächlich als Teil von etwas Größerem sehen, als wir selbst es sind. Der geistige Fokus im Leben ist in unserer Kultur weitgehend säkularisiert worden, doch die Astrologie kann uns wieder mit dem spirituellen Bereich in Kontakt bringen – unseren inneren Führer finden wir in der »Gestalt« unseres Geburtshoroskops. So ist das Konzept, in der Astrologie Mythen zu verwenden, eine Hilfe. Wenn Astrologie uns am gegenwärtigen Punkt der Geschichte etwas zu bieten hat, dann hilft sie uns, dahin zurückzukehren, wo wir bewusst an unserer Umgebung und am Himmel teilhaben. Es ist also eine wahre *participation mystique*, nur ist sie bewusst.

Bei der Archetypen-Astrologie geht es darum, zu den großen geistigen Bildern und mythologischen Symbolen eine Verbindung herzustellen – und um die psychischen Dramen, die von jedem Einzelnen auf eine sehr persönliche Weise inszeniert werden. Ich kann mir durchaus vorstellen, dass wir Darstellungen aus unseren verschiedenen Mythologien eher dazu verwenden, die zeitlose Beseeltheit des Lebens zur Geltung zu bringen, als eine Erklärung für Astrologie zu finden. Es ist auch keine Erklärung, sondern eher eine Aufklärung darüber, wie wir die zeitlose Natur des Himmels, seine planetarischen Muster und die menschlichen Erfahrungen besser verstehen können. Und im Hinblick auf Jupiter: Er ist definitiv der Planet des Intellekts und des Wissens, der Expansion des Geistes, der Erforschung neuer Dimensionen des Denkens, der sich in dem maskulinen Bereich der Philosophie machtvoll Geltung verschafft. Wie wir noch sehen werden ist Jupiter nicht nur der Planet, der an der Wiedergewinnung unserer mythischen Geschichte arbeitet, er ist auch eine Kraft, die die Anerkennung unserer Instinkt-Natur erzwingen kann.

Jupiter ist ein Tyrann, ein Gott des unbarmherzigen, willkürlichen Urteils. Jupiters Domäne ist nur eine Stufe »niedriger« als die des Uranos – es ist der sichtbare Himmel, während Uranos den höheren Äther regiert, den archetypischen Bereich der vollkommenen Formen, der Ideale.

Als Enkel des Uranos, der aus der ursprünglichen Trennung von Himmel und Erde hervorging, widmet sich Jupiter der Kultur sowie der Bildung des Geistes durch oder über die Materie und Natur. Betrachten wir die Anordnung der Planeten von Uranus ausgehend: Uranus ist der Vater Saturns, der zwischen ihm und seinem eigenen Sohn, Jupiter, steht. Jupiter befindet sich diesseits der saturnischen Grenze. Es ist daher seine Aufgabe, die uranischen Ideale in die Welt zu bringen, in der wir leben und miteinander verkehren. Jupiter regiert die Übertragung dieser Ideale und vollkommenen Formen durch die Menschheit und ist daher fast gänzlich an den *Zeitgeist* gebunden. So betrachtet ist Jupiter befangen, selbstgerecht und chauvinistisch, denn er kann nur von der aktuellen, allgemeinen Situation ausgehen.

Jupiter regiert auch die Psychologie, die ein »Schritt nach unten« von der spirituellen Entwicklung der Menschheit ist. Der psychologische Bereich ist in der menschlichen Entwicklung sehr wichtig, aber, wie wir bereits bei unserem kurzen Überblick gesehen haben, verändern Philosopie, Psychologie und alle anderen Theorien mit der Zeit ihre Form. Deshalb müssen wir unseren Jupiter sehr sorgfältig beobachten, ob eine kritische Einstellung, Selbstgerechtigkeit, Fremdenfeindlichkeit, übertriebener Egoismus, Pedanterie, Furcht vor der Natur oder eine Kristallisierung der eigenen Anschauungen besteht. Jupiter pur und »im Rohzustand«, ohne die Vermittlung anderer Gesichtspunkte – das heißt, ohne Aspekte zu anderen Planeten – ist gefährlich und einschränkend. Es ist die Interaktion mit anderen, die ihm tiefes und umfassendes Verständnis, Wissen und vielleicht sogar Weisheit verleiht. Jupiter ist ein Usurpator. Wenn wir nicht Acht geben, raubt er unsere Kulturen, Ideen und Seelen. Es ist leicht, psychologische Denkmodelle an die Stelle spiritueller Entwicklung zu setzen.

Die Geburt von Zeus-Jupiter

Nun wollen wir über Jupiter im Hinblick auf seine Aspekte zu anderen Planeten sprechen, denn das Verhältnis zwischen ihm und den anderen Planeten zeigt uns den Kontext von Jupiters Großzügigkeit in unserem Leben. Es gibt Phasen mit bestimmten Transiten, da merken wir noch nicht einmal, dass wir einen Jupiter haben. Ich bin sicher, dass einige von Ihnen manchmal Zeiten erleben, in denen Aspekte oder Planeten ihres Horoskops praktisch unerreichbar sind – man kann dann zu bestimmten Seiten der eigenen Persönlichkeit einfach keine Verbindung herstellen. Oder man denkt, dieser Teil ist vergangen, vorbei oder verloren. Dass er einer aktuellen planetarischen Konfiguration unterworfen sein könnte, ist einer Überlegung wert. Bei einem Saturn-Transit über die Venus merken Sie vielleicht gar nicht, dass Sie eine Venus haben. Es gibt Zeiten, in denen bestimmte Teile Ihrer Natur auf dem Rücksitz Platz nehmen und sich verbergen. Sie begeben sich dann in eine Art Reifeprozess, um sich allein und ungestört entwickeln zu können.

Am Anfang war *chaos*, und dieses Chaos war der Ursprung aller Dinge. Ich denke, daran sollten wir uns gerade heute erinnern! Aus dem Chaos gingen Gaia, die Unterwelt und Eros hervor. Eros verbindet ein Ding mit dem anderen – Menschen, Ideen, und so fort. Eros wird benötigt, um das ursprüngliche Leben mit frischen schöpferischen Kräften zu befruchten und zu erfüllen, so dass zwischen den Dingen und Wesen ein Liebesfunke entsteht, der eine neue Vorstellung, ein neues Bild, eine neue Eigenschaft, ein neues Gesicht hervorbringt. Gaia erschuf Uranos, weil sie sich einsam fühlte. Um das geheimnisvolle weibliche Prinzip des Keimens, Reifens und Gebärens zu erfüllen, brauchte sie einen Gatten – und wer käme da gelegener als einer, der sie ohnehin schon begleitete? Da sie von Uranos umgeben war, vereinigte sie sich mit ihm und schenkte mehreren Nachkommen das Leben.

Mir geht es im Moment vor allem um die Titanen, deren jüngster Kronos war. Als er ein bestimmtes Alter erreicht hatte, wurde er zum Vertrauten seiner Mutter. Sie hatte auch einige Missgeburten empfangen, die von Uranos unterdrückt wurden. In meinem Buch *Venus – Planet der Liebe und Sinnlichkeit* [9] habe ich ausführlich über das väterliche Idealbild der Vollkommenheit gesprochen und über die Unfähigkeit, dieser Vorstellung von Perfektion zu entsprechen, wenn man den irdischen Keim von dessen eigener Schöpfung in sich trägt. Wie Sie wissen, war die Unterdrückung dieser monströsen Nachkommen des Uranos so schmerzlich, dass Gaia Kronos bat, ihr bei der Geburt dieser Monster – dem Hervorbringen des Urinstinktes – zu helfen. Der alte Ausspruch »ein Gesicht, das nur eine Mutter lieben kann«, lässt sich hier anwenden. Die instinktive Natur hat etwas an sich,

9 Erin Sullivan, *Venus - Planet der Liebe und Sinnlichkeit*, Chiron Verlag, 1998, Seite 40-45.

das dem maskulinen Archetypus Angst macht, und Kronos leistete dieser instinktiven Natur Geburtshilfe.

Als astrologische Figur ist Kronos-Saturn klar definiert, denn die Trennung von Himmel und Erde schuf die Zeit. Unser Konzept der linearen Zeit entstand aus der Sichel des Kronos. Die Unendlichkeit, die zu Beginn herrschte, endete mit dem von Kronos regierten Goldenen Zeitalter. Die Geschichte von Kronos und dem Goldenen Zeitalter ist wohlbekannt, aber sie ist in diesem Zusammenhang ungeheuer wichtig, denn mit dem Ende des Goldenen Zeitalters beginnt die Herrschaft des Zeus.

Dieses Ende kam, als Kronos erkannte, dass es sein Schicksal war, von einem seiner Söhne gestürzt zu werden – noch eine dieser zyklisch wiederkehrenden, zeitlosen und stets aktuellen Geschichten, in denen eine Generation von der nächsten entmachtet wird. Kronos gefiel das ganz und gar nicht, er hatte schreckliche Angst. Daraus folgte, dass er jedes Kind, das seine Frau Rhea gebar, sofort verschlang. Es waren fünf – Hestia, Demeter, Hera, Hades, Poseidon und zuletzt Zeus. Weil Rhea nicht wollte, dass alle ihre Kinder verschlungen wurden, täuschte sie Kronos. Sie gab ihm einen Stein und brachte den zuletzt Geborenen, Zeus, heimlich in eine Höhle des Berges Dicte, wo die Ziegengöttin Almathea für ihn sorgte und die Kureten ihn beschützten. Die Kureten waren wilde Naturfrauen, Gefährtinnen von Rhea, die sein kindliches Weinen mit dem Klirren ihrer Waffen übertönten. So wurde Zeus bis zu seiner Reifezeit von Erd-Göttinnen betreut.

Seine Geschichte ist die »Monomythe« im Heldenzyklus. Seine Geburt ist gefährdet – ein bedrohter Anfang; dann wird er weggeschickt, um in einer Höhle mitten in der Natur und unter wilden Tieren aufzuwachsen – das ist sehr wichtig -, er erhält auf besondere Weise Fürsorge und Schutz; er kehrt zurück, um seinen Vater zu stürzen (er behauptet sich im Namen der nächsten Generation); er wird mit besonderen Aufgaben konfrontiert (der Notwendigkeit, eine neue Ordnung, ein neues Gesetz zu erstellen); dann gründet er mit diesem Wissen eine neue Kultur – in diesem Fall einen völlig neuen Pantheon, eine neue Religion, eine neue Mythologie und eine neue Epoche. Die alten Zeiten sind vergangen, das Goldene Zeitalter ist vorbei. Der Sturz Saturns durch Jupiter gilt heute als Symbol für den notwendigen Generationswechsel, der neue Ideen, neue Weisheit und eine neue Gesellschaftsordnung mit sich bringt.

Die Herrschaft Jupiters

Ein Jupiter-Zyklus dauert zwölf Jahre. Mit zwölf beginnen wir, uns emotional und psychisch von unserer Familie zu lösen und auf Abenteuer in der Welt vorzubereiten. Wir entwickeln eine eigene Weltanschauung. Im Alter zwischen 12 und 14 (der Zeit zwischen der Jupiter-Wiederkehr und der Saturn-Opposition) erlangt der Mensch einen starken Sinn für spirituelle Fragen, und bei jeder folgenden Jupiter-Wiederkehr passen wir unsere Ansichten und Überzeugungen den jeweiligen kulturellen und gesellschaftlichen Erfordernissen neu an. Es ist unser Jupiter mit seinem Timing, der uns sagt, wann es Zeit ist, neue und weitere Horizonte zu erforschen. Jupiter verkörpert unseren Instinkt, eine neue Weltanschauung hervorzubringen, unser Wissen zu erweitern, in unbekannte Gebiete vorzudringen und uns mit fremden Menschen und Dingen vertraut zu machen. Jupiter ist unser »Wecker zur Rebellion«, er macht uns aufmerksam, wann wir unsere Beziehung zur Gesellschaft im Hinblick darauf prüfen sollten, ob wir oder sie einer Korrektur bedürfen. Unser Verhältnis zu den sich rasch verändernden kulturellen Stimmungen und Modeerscheinungen ist ständig im Wandel und unser Jupiter zeigt unsere Einstellung gegenüber kulturellen und gesellschaftlichen Normen und Maßstäben.

Die Übergangsriten des Jupiter umfassen: die moralische Entwicklung, spirituelle Zeremonien, Wechsel in Erziehung und Ausbildung, Verpflichtungen gegenüber der Gesellschaft, politisches Bewusstsein, andere Ebenen der Zielsetzung, Veränderungen der gesellschaftlichen Stellung und das Fortschreiten der natürlichen zyklischen Alterungsprozesse (im Gegensatz zu den harten Siebenjahres-Zyklen seines Vaters Saturn gehen die Jupiter-Zyklen eher mit der geistigen Entwicklung synchron und sind daher weniger erschütternd). Im Grunde ist es Jupiters Funktion uns aktiv, lebendig und unser Interesse wach zu halten! Wenn wir die ursprüngliche Jupiter-Zeus-Allegorie als Ausgangspunkt nehmen, dann ist Jupiter der Held in uns. Oft entsprechen die Jupiter-Regionen in unserem Horoskop (d.h. die eigentliche Jupiter-Platzierung, das 9. Haus und der Bereich des Schützen) jenem Lebensbereich, in dem wir die größte Autorität über Natur und Gesellschaft brauchen und wo es unsere Aufgabe ist, ein Gefühl des Wohlbefindens und der geistigen Sicherheit zu erlangen.

Jupiters Befreiung seiner Geschwister und die Behauptung der Rechte seiner eigenen Generation sind typisch für bestimmte Jupiter-Erfahrungen in unserem Leben – wenn wir z.B. eine sehr restriktive, autoritäre Grenze erreichen und überschreiten, wenn wir etwas ergreifen, hervorbringen oder ins Dasein zwingen, um es dann zu kultivieren und in etwas zu verwandeln, das im täglichen Leben nützlich ist. Jupiters Loyalität gegenüber seinen Geschwistern ist auch ein Symbol für unsere eigene Bindung an unsere »Sippe« und an vertraute Menschen. Unseren Freunden und wichtigen Familienmitgliedern gegenüber sind wir ebenso fürsorglich wie Jupiter zu seinen Geschwistern. Hier finden wir einen der Archetypen der Geschwisterbeziehung und des »Stammesgefühls« gegenüber Vertrauten und Familienmitgliedern. Das erste Auftreten des rächenden Jupiter-Typus findet gewöhnlich in der Pubertät, einer Zeit der beginnenden Selbsterkenntnis, statt. Wir neigen dazu, dieses Muster bei jeder nachfolgenden Jupiter-Wiederkehr (im Alter von 24, 36, 48, 60 Jahren usw.) wieder aufzunehmen.

Hinsichtlich der Übertragung oder Interpretation von Mythen ist es sehr interessant, dass sich die Zeus-Jupiter-Sage tatsächlich auf ein historisches Ereignis bezieht. Etwa um das Jahr 2200 v. Chr. fand im Peloponnes und auf den griechischen Inseln der Ägäis die Invasion der Himmelsgötter statt. Davor herrschte das griechische Bronze-Zeitalter und eine Kultur, die wir heute als die Minoische Zeit kennen. Sie basierte in erster Linie auf der Verehrung der Erd-Göttinnen.

Das entspricht einer völlig anderen Stimmung – der ethische Brennpunkt der Kultur verlagerte sich von der Erde in den Himmel. So etwas geschieht durch natürliche Evolution oder durch die Assimilierung einer Kultur in eine andere. Die Absorption einer Kultur durch eine andere erfolgt gewöhnlich stufenweise: erst der Umsturz, dann die Absetzung oder Anpassung der Götter und Göttinnen sowie deren Einverleibung in die dominante Kultur. Oft scheint eine genaue Abgrenzung zwischen der vorherigen und der gegenwärtigen Kultur nicht möglich, weil Kronos uns die lineare Zeit gab und wir die ungeheuren, langsam voranschreitenden, epochalen Veränderungen nicht erkennen können, während sie im Gange sind.

Vor etwa 4000 Jahren trat der griechische Zeus erstmals in Erscheinung, anscheinend zusammen mit einer Welle von Verehrern des Himmelsgottes, die aus dem Norden kamen. Um 1200 v. Chr. war der Untergang der Minoischen Göttinnenkultur abgeschlossen. Das entspricht in etwa der Zeit des Niedergangs von Kreta, dem letzten uns bekannten Ort, an dem Erd-Göttinnen und Fruchtbarkeitskulte existierten. Einige Stichworte zu Kreta: König Minos, minoisch, Minotaurus, Labyrinth (engl. *maze*), Matrix, Mutter. Sehen Sie die Verbindungen? Minos war der Vater des Minotaurus, und Theseus sein Mörder, der Athen die Demokratie brachte, welche die Grundlage unserer westlichen Zivilisation bildet.

So beobachten wir also im Laufe der »Zivilisierung« der westlichen Psyche das Auftauchen und die Vorherrschaft einer männlich-dominierten Hemisphäre – das Solar-Maskuline tritt in Erscheinung und stellt das Lunar-Feminine in den Schatten. Jupiter, 9. Haus und Schütze regieren traditionsgemäß die Erziehung. Es dürfte nach dem Niedergang der Göttinnen-Kulturen und während des Aufstieges der Himmelsgötter gewesen sein, dass die Fähigkeit des Lesens und Schreibens aufkam und die alten, mündlich überlieferten Sagen in schriftlicher Form niedergelegt und übermittelt wurden. Danach folgte eine kurze Übergangsperiode vom Mündlichen zum Handwerklichen und zum Gebrauch alphabetischer Zeichen und Symbole, um die alten mythischen Geschichten zu erzählen. Damit beginnt wiederum eine Abgrenzung, Gestaltung und Veränderung der menschlichen Dimension. So fand – nach einer langen Inkubationszeit – innerhalb weniger Jahrhunderte ein Evolutionssprung statt.

Die Ankunft des Zeus und die damit verbundene Verbreitung eines himmlischen Gottes lässt sich leicht auf einige Dinge übertragen. Vom Untergang Trojas (der etwa 1184 v. Chr. stattfand) bis zu dessen Schilderung in der *Ilias* (um 800 v. Chr.) war etwas geschehen. Es gibt da auch im großen astrologischen Zeitzyklus eine natürliche Entwicklung – das Große Siderische Jahr, das Platonische Jahr, die Präzession der Äquinoktien, welche die etwa 2100 Jahre dauernden Zeitalter des Tierkreises hervorbringt. Während wir vor zirka 14.000 Jahren wahrscheinlich in einer Periode des reinen integrierten Bewusstseins waren (Zeitalter der Jungfrau), haben wir heute, gegen Ende des Fische-Zeitalters, die radikalste Spaltung zwischen männlichem und weiblichem Bewusstsein. Das Eiserne Zeitalter der Griechen wird auf die Zeit um 1050 v. Chr. festgelegt und würde demnach genau in die Mitte des Widder-Zeitalters fallen. Hier haben wir die Essenz des Zeus-Jupiter-Bewusstseins.[10]

Zuhörer: Sehen Sie Jupiter als extremen Patriarchen? Ich habe bemerkt, dass Jupiter nicht ganz so »wohltuend« ist, wie er in den meisten Büchern und Schriften über Astrologie dargestellt wird. Jupiter klingt mehr wie ein Kriegsgott und nicht wie ein großer Wohltäter und erscheint ziemlich grausam – oder zumindest gefühllos.

Erin: Ich kann »Gefühle« nicht mit Jupiter in Verbindung bringen. Ich assoziiere eher die Begriffe »Meinung«, »Haltung« und »kultureller Sittenkodex« mit Jupiter. Die Tradition des »großen Wohltäters« kommt aus derselben Weltanschauung, aus der er selbst stammt! Eine günstige Platzierung Jupiters am Himmel verhieß, dass der König den Krieg gewinnen würde. Was war aber mit den Millionen, die in dem Krieg oder bei einer Invasion unterlagen? Wie Sie sehen, betrachten wir Jupiter noch immer im Hinblick auf seine Herkunft als planetarische Gottheit. Die Zeiten haben sich geändert, und es entsteht eine neue Weltanschauung. In ihr finden wir eine tiefe Spaltung zwischen dem mythologischen Bereich der Großen Göttin und dem modernen Bereich des

10 *The Oxford Companion to Classical Literature*, Oxford University Press, 2. Ausgabe, 1990. Die Daten sind Näherungswerte.

solaren Bewusstseins, der männlich-dominierten kollektiven Psyche.

In der Tat können wir in den Bereichen, in denen sich unser Jupiter befindet, sehr hart mit uns ins Gericht gehen. Jupiter ist im Horoskop nicht immer angenehm, er kann uns ermuntern, unsere Möglichkeiten zu überschreiten – um dann zu scheitern! Er kann uns drängen, in Phantasien zu schwelgen, die nicht zu verwirklichen sind. Er hat vielleicht ein unausgewogenes Verhältnis zu den anderen Planeten unseres Horoskops und ist dann unterentwickelt, faul und träge, so dass wir nur herumhängen und fett werden. Er kann auch den Stoffwechsel verlangsamen oder beschleunigen und damit eine körperliche Störung hervorrufen. Zum Beispiel haben in den Horoskopen von Familien, in denen Diabetes auftritt, Jupiter und Venus oft eine starke Position – eine Überbetonung des Zuckers (Venus).

Wir wollen noch einige Mythen erforschen, in denen Jupiter-Zeus dominant ist, und eine Verbindung zu dem astrologischen Jupiter und seiner Wirksamkeit in unserem Horoskop herstellen. In einer dieser Geschichten geht es um die Gründung von Delphi als griechisches Orakel. Seit tausend Jahren wurde Delphi von einem *drákon* (Drachen) besetzt – einer Schlange, der Python. Die Python oder Pythia verkörperte die eigentliche Kraft und Weisheit der Erde. Heute neigen wir dazu, Delphi mit Apollo gleichzustellen und beide im Zusammenhang zu sehen. Es gibt jedoch keinen Beweis, dass Apollo vor dem 8. Jh. v. Chr. in Delphi verehrt worden wäre! Er ist in dieser Gegend erst spät bekannt geworden, und das Heiligtum am Südhang des Parnass beherbergt auch die Musen, Töchter des Zeus und der Mnemosyne (Göttin des Gedächtnisses).

Apollo (Sonne) und Artemis (Mond) sind eineiige Zwillinge, und es war Apollos erste Heldentat, Delphi als Wohnstatt in Besitz zu nehmen. Dabei vernichtete er den Drachen, die Schutzgottheit Python, welche die dunklen Kräfte der Unterwelt – die Erd-Göttin – verkörperte. Seine vor-griechischen Ursprünge liegen ziemlich im Dunkeln, doch einer seiner Beinamen, Lykeios, sowie eine Erwähnung in der *Ilias* weisen auf eine Verbindung mit Lykien hin. Eine Sammlung von Terrakottafiguren, die dort gefunden wurde, bestätigt die Annahme, dass dort während der mykenischen Periode bis etwa um die Zeit Homers die Erd-Göttin verehrt wurde. Das Entscheidende ist, dass Apollo als eine Personifikation des griechischen Vollkommenheitsideals in männlicher Form gilt (*arete*) – perfekt in Körper, Geist und Seele. Wohlgemerkt: Körper, Geist und Seele des *Mannes*!

Die Schlange repräsentiert die Erd-Energie. Die delphische Schlange wurde von Apollo erschlagen, was als eine Metapher für den Sieg des Geistes über die Materie gilt. Doch obwohl es ein Apollo-Heiligtum wurde, wurde seltsamerweise eine Frau damit betraut, in der Höhle auf einem Dreifuß zu sitzen und als Orakel zu fungieren! Es bedurfte also doch der weiblichen Form als Kanal für die Weisheit, die, wie es scheint, immer doppelsinnig und rätselhaft übermittelt wird. Apollo wurde also zum Hüter des Delphischen Orakels, über dem geschrieben stand: »Erkenne dich selbst« und »Nichts zu viel, zu sehr«. Das lässt die Spaltung zwischen Mensch und Natur noch deutlicher erkennen. Es gibt jetzt eine Art Scheidelinie, die mir sagt, dass ich außerhalb und unabhängig von meiner Umgebung existiere. Will ich mich selbst erkennen (was nicht bedeutet, sich in Therapie zu begeben und eine Analyse zu machen), dann muss ich wissen, dass ich sterblich bin und meine Beziehung zu den Göttern eine untergeordnete ist. Und »Nichts zuviel, zu sehr« ist eigentlich eine Aussage, die uns innerhalb der irdischen Grenzen halten soll.

»Nichts zuviel, zu sehr« bedeutet nicht: Iss nicht zuviel Schokolade oder Kuchen, damit du nicht fett wirst, oder etwas Ähnliches. Es meint: Versuche nicht, die irdischen Grenzen zu überschreiten oder gar unsterblich zu werden. Denn wenn du das tust, folgt die Vergeltung – und die Bezeichnung dafür ist *hybris* (eine sehr Zeus-orientierte und Jupiter-gemäße Erfahrung). Damit ist der Wunsch gemeint, die irdischen Grenzen zu überschreiten und den Status eines Gottes zu erreichen. Wenn du so weit bist, wirst du zerschmettert oder niedergestreckt oder mit irgendeiner schrecklichen Strafe konfrontiert. Das entspricht der Bibel, in der Evas Sünde darin bestand, auf Geheiß der Schlange (der weiblichen Weisheit) den Apfel der Erkenntnis zu essen und dadurch jenes Wissen zu erlangen, das nur Gott (einem männlichen Gott) zustand!

In Robert Graves Buch *Die weiße Göttin*[11] heißt es: *…zum Gedenken an jenen ersten Mann, der die europäische Kultur aus dem Gleichgewicht brachte, indem er den rastlosen, willkürlichen männlichen Willen unter dem Namen Zeus auf den Thron setzte und Themis, den weiblichen Sinn der Ordnung, entthronte. Die Griechen nannten ihn Perseus, den Gorgonen-Töter und Kriegsfürsten aus Asien.«*[12] Nun ja, ich muss zugeben, dass Robert Graves sich ein wenig weit vorwagt und in diesem Buch nicht allzu akademisch, sondern eher mythopoetisch vorgeht. Seine Hingabe an die Göttin bestimmt jedes der Gedichte voller Anmut und Schönheit, und dieses Buch ist sogar stilistisch eine literarische Huldigung an die Göttin. Er sagt auch *»dass die frühen Heidenchristen von den hebräischen Propheten jene beiden, bis dahin im Westen unbekannten religiösen Vorstellungen übernahmen, die die Hauptursache unserer Unrast sind: nämlich die Vorstellung eines patriarchalischen Gottes, der sich weigert, irgendwelche Verbindungen mit Göttinnen zu haben und selbstgenügsam und allwissend zu sein behauptet; und die Idee einer theokratischen Gesellschaft, fern von Pracht und Herrlichkeit der Welt.«*[13] Und die Idee einer apollinischen Gesellschaft obendrein! – möchte ich hinzufügen.

Wir haben also in unserer Gesellschaft einige dieser mystischen Begriffe – wie etwa *hybris* – in verschiedene soziologische Dikta übertragen, wie zum Beispiel das Peter-Prinzip, welches besagt: Versuche nicht, den Rahmen deiner Fähigkeiten zu übersteigen. Bleib, wo du bist, und verletze keine moralischen Grundsätze oder Familiengesetze oder religiösen Dogmen oder politischen Richtlinien – und so fort. Wir alle haben unsere Mühe mit diesen Dingen, und der Planet, der diesen Bereich repräsentiert und uns diesem Kampf aussetzt, ist Jupiter. Eine wichtige Funktion Jupiters ist es nämlich, uns ein Gefühl für den uns angemessenen Platz einzuflößen. Die Sagen und Mythen über Jupiter sind viel zu

11 Robert von Ranke-Graves, *Die weiße Göttin: Sprache des Mythos*, Reinbek, 1992.

12 Graves, Seite 587.

13 Graves, Seite 572.

zahlreich, als dass wir sie heute alle besprechen könnten. Ich werde also nicht sämtliche Geschichten von Zeus-Jupiter wiederholen, doch einige von ihnen sind gut anwendbar, um den Archetypus Jupiters in uns und in der Astrologie zu erkennen.

Zu allererst können wir sehen, dass Jupiter – ob Tyrann oder nicht – etwas sehr Eindrucksvolles an sich hat. Wie die Geschichte berichtet, hat sein Aufstieg zur Macht eigentlich eine neue Mythologie freigesetzt, und so umgibt diesen Tyrannen auch etwas Onkelhaftes und Wohlwollendes – er bietet das Bild eines gütigen Diktators. Daher helfen uns Jupiter-Transite, neue Perspektiven ins Leben zu rufen. Während eines Jupiter-Transits kann ein verschütteter oder ein sich neu entwickelnder Aspekt unseres Selbst ans Licht kommen. Jupiter-Transite sind sehr methodisch – jedes Jahr wechselt er das Zeichen. Er braucht ein Jahr und einen Monat, um den Tierkreis zu durchlaufen, es gibt also etwa alle zwölf Jahre eine Gelegenheit zur Wiedergeburt. So wie Zeus die von Kronos verschlungenen Nachkommen befreite, kann ein Jupiter-Transit eine neue Lebensform, eine neue Wahrheit oder Erkenntnis freisetzen. Kurz gesagt, er beschleunigt die Geburt einer neuen Mythologie im Menschen.

Etwas in uns ist immer in Aufregung und möchte Neues beginnen – es weiß, dass noch Größeres in uns steckt und dass wir uns noch mehr verwirklichen können. Saturn sagt natürlich, dass das nicht geht, aber dann kommt Jupiter dazu und meint: »Ich nehme mir, was mir zusteht. Ich werde die neue Ordnung hervorbringen.« So beweist sein Gefühl der Allmacht und Fülle seine göttliche Abstammung.

Die Mythen über göttliche Kinder haben alle einen Bezug zu Jupiter und seiner Herkunft. Auch hier spüren wir bis zu einem gewissen Grad, dass das Göttliche immanent, d.h. sowohl im Inneren als auch im Äußeren ist. Kinder erleben das auf ganz persönliche Weise. Wenn sie von ihren Eltern bestraft oder ungerecht behandelt werden, denken sie oft: »Meine richtigen Eltern haben mich nur für eine Weile bei diesen Leuten gelassen. Eines Tages werden sie kommen und mich holen, und dann wird alles wieder gut.« Oder sie hängen derart an ihrer Vorstellung göttlicher Eltern, dass die archetypischen Eltern für die psychische Entwicklung des Kindes eine größere Rolle spielen als die leiblichen. Das ist jedem von uns angeboren. In gewissem Maße sind wir alle göttlich. Ein starker Jupiter verleiht uns jedoch eine psychische Komponente der Göttlichkeit, die einen sehr persönlichen Aspekt darstellt. Dadurch kann die allen Menschen angeborene immanente Göttlichkeit mit der Vorstellung, wirklich eine göttliche Person zu sein, verwechselt werden.

Wenn Eltern ein Kind als göttlich behandeln, schlägt das oft fehl. Der abgöttisch liebende Elternteil, der jedes Bedürfnis des Kindes schon vorwegnimmt, darauf reagiert und alles für das Kind tut, sagt damit eigentlich: »Du bist nicht fähig, diese Dinge zu tun – dir selbst ein Glas Milch zu holen, dein Zimmer aufzuräumen, den Müll hinauszubringen, deine Spielsachen aufzuheben, etc. Deshalb muss ich das für dich erledigen.«

Ein starker Jupiter kann einem Menschen ein Gefühl geben, etwas Besonderes zu sein: Göttlichkeit oder *hybris*! Das wird häufig unterstützt und verstärkt durch die Behandlung während der Kindheit, wenn dem Kind wörtlich gesagt wird, es sei etwas ganz Besonderes, göttlich oder besser als andere Kinder. Oder das Kind ist durch eine Krankheit isoliert, überlebt vielleicht eine lebensbedrohliche Situation oder eine Tragödie – auch das kann zu dem jupiterhaften Gefühl der Allmacht führen. Vielleicht ist es sogar wahr, aber das kann man nie wirklich wissen. Wie auch immer, wenn man ein normales, gesundes Kind wie einen Gott behandelt, dann kann es als Erwachsener zu einem unerträglichen Tyrannen werden, der die Grenzen der normalen Sterblichen nicht anerkennt, bis ihn unglückliche persönliche Beziehungen, geschäftlicher Misserfolg oder das Misslingen seiner kreativen Bemühungen innehalten lassen.

Als Oberhaupt des Pantheon war Zeus ein Gott, der tun konnte, was er wollte – er stand über der *hybris*. Er war es, der denen, die dieses besondere Gesetz der Grenzüberschreitung verletzten, ihre gerechte Strafe zumaß. Er war eine Gestalt, die durch eine Verbindung oder Heirat oder durch innere Vereinigung tatsächlich einen Sinn für Zivilisation entwickelt zu haben scheint. Er war als Gott keine gebildete oder kultivierte Persönlichkeit; er war ein wilder, zügelloser Charakter, der stets machte, was er wollte und Recht sprach, wie es ihm gerade passte. Allerdings war Zeus der einzige Gott, der andere Götter zeugte. Er war der Vater von Apollo und Artemis, Hermes, Dionysos, Athene und Persephone. Mit Hera, seiner Frau, hatte er nur Ares und Eileithya (die Geburtshelferin).

Zeus hatte immer Beziehungen zu Göttinnen und gewöhnlichen Sterblichen gleichermaßen. Ein besonderes Verhältnis hatte er zu der Göttin Metis, deren Name »Weisheit«, »weiser Rat« oder »Vernunft« bedeutet. Wie sein Vater vor ihm, so wurde auch er von den Schicksalsgöttinnen gewarnt, dass einer seiner Söhne ihn stürzen würde; er reagierte darauf ähnlich wie sein Vater, indem er Metis sofort verschlang. Damit hatte er sich Weisheit, guten Rat und Vernunft einverleibt, was bedeutet, dass diese Eigenschaften vorher nicht da waren. Er musste sie in sich aufnehmen und reifen lassen – bevor er Metis verschlang, dürfte er diese Vernunft oder Weisheit nicht gehabt haben. Danach bekam er rasende Kopfschmerzen. Hephaistos, der gerade mit seiner Silberaxt vorbeikam, spaltete ihm den Schädel – und Athene flog daraus hervor.

Athene verkörpert heute die Gerechtigkeit. Daher ist es eigentlich Assoziation und Assimilation zu verdanken, dass Jupiter heute als ein planetarisches Symbol für Gerechtigkeit gilt, denn Jupiter selbst war nicht stark (oder bescheiden) genug, die Weisheit und Vernunft der irdischen Erfahrung zu erkennen. Er musste sich mit ihr vermählen, sie in sich aufnehmen und reifen lassen und diese Merkmale der Zivilisation durch eine weibliche Mittlerin hervorbringen.

Obzwar Jupiter gewissermaßen als die Verkörperung von Recht und Gerechtigkeit erscheint, ist seine Tochter deren eigentliche Repräsentantin. Sie beweist eine intelligente Handlungsweise. Eine neue Form der Gerechtigkeit tritt mit Athenes Geburt in Erscheinung, und das ist keine Gerechtigkeit im archaischen Sinne. Zeus' Gerechtigkeit (Athene) war, wie seine Weisheit (Metis), nur ein Nebenprodukt. Das Konzept der Jurisprudenz – ein Wort aus dem Lateinischen – entstand erst in einer viel späteren Epoche. Das ursprüngliche Wort für Gerechtigkeit lautete im antiken Griechenland *Dike*, das ist der Name einer Göttin, einer Tochter von Zeus und Themis. Es besteht eine Verbindung zwischen dem antiken Recht, Dike, (einem abstrakten Konzept von Rechtschaffenheit, Ausgewogenheit, Korrektheit und kosmisch-natürlichen Gesetzen), und dem Recht oder der Rechtsprechung in Athen, die sich auf die Gesellschaftsordnung und das menschliche Gesetz bezieht. Es stellt jedoch einen evolutionären Schritt dar. Im primitivsten Sinne hat »Recht« mit unserer Fähigkeit zu tun, uns so zu verhalten, dass es mit den höheren Gesetzen übereinstimmt und als gerechtfertigt bezeichnet werden kann. Jeder, der im Lauf der Geschichte der Mythen dagegen verstieß, wurde von Zeus bestraft. Doch die Rechtswissenschaft – das Gesetz der Gerichte – wurde von Athene, der Tochter des Zeus, begründet.

Die Geburt der Athene kennzeichnete einen bedeutsamen Wendepunkt der modernen Zeit. Ihre Beziehung zum Justizsystem, wie wir es heute verstehen, bildet die Basis unserer Rechtsprechung. Leider war Athene bei den Suffragetten der zwanziger Jahre genauso wenig beliebt wie bei den heutigen Feministinnen, denn sie stellte sich bei dem Prozess um Orestes, der seine Mutter ermordet hatte, auf die Seite Apollos. Athene gab die entscheidende Stimme ab, die zu Orestes' Freispruch führte. Dann besänftigte sie die rachedurstigen Furien (Erinnyen), um die kleinen Göttinnen des Athener Haushalts zu schützen, und gab ihnen den neuen Namen Eumeniden (die Gütigen). In der griechischen Mythologie ist sie die Gründerin des Areopagus (Hügel des Ares) in Athen, der den Grundstein für unser heutiges Gerichtssystem bildet. Richtet sich Ihr Jupiter nach dem Gesetz des Landes oder nach dem der Natur? Haben Sie hier eine Spaltung? Wie können Sie sich mit dem Gedanken befreunden, dass wir beides brauchen, uns aber gelegentlich – besonders in Zeiten einer persönlichen oder moralischen Zwangslage – zur Natur bekennen müssen?

Zuhörer: Ich kann zu diesem Problem etwas berichten. Vieles davon zeigt sich in unserem modernen Gesundheitswesen. Ich bin Krankenschwester und sehe oft, wie Menschen mit Hilfe von Medikamenten und lebensunterstützenden Maßnahmen auf der Intensivstation am Leben gehalten werden, lange über den Zeitpunkt hinaus, an dem meiner Ansicht nach ihr natürliches Ende gekommen wäre. Dies ist der Zwiespalt, der auftritt, wenn Natur und Kultur uneins sind. Ein Teil von mir würde diese Menschen gerne sterben lassen, besonders wenn sie schon sehr alt sind, oder Kinder im Endstadium einer Krankheit. Doch ich weiß, dass das nach dem hippokratischen Eid falsch ist – zumindest in dem Sinne, in dem er heute angewandt wird. Das Problem dabei ist, dass ich von vielen Fällen weiß, in denen Menschen nur deshalb am Leben erhalten werden, damit die Mediziner etwas lernen und an ihnen experimentieren können. Es ist schrecklich. Wir lesen ständig darüber. Ich habe wirklich einen sehr persönlichen Bezug zu diesem Problem.

Erin: Wo steht Ihr Jupiter?

Zuhörer: Sie werden lachen, es ist so offensichtlich. Ich habe Jupiter auf 28° und Pluto auf 26° im Löwen, im 8. Haus, im Quadrat zu Saturn auf 26° im Skorpion, im 11. Haus (1. Juli 1956). All das bringt mich sehr aus der Fassung, vielleicht weil mein Mars in den Fischen ist – ich werde wütend und es macht mich krank.

Erin: Kein Wunder, dass Sie über diese Dinge Bescheid wissen! Ich bin von dieser Konfiguration und Ihrer Sorge ziemlich überwältigt. Haben Sie je daran gedacht, sich mit dem Bereich der medizinischen Ethik näher zu befassen? Sie sind noch immer jung genug, um eine weitere Ausbildung zu machen. Sie sind Ihrem Wesen nach mehr auf das Gesetz der Erde oder das Gesetz der Natur eingestimmt als auf die Gesetze Athens. Und Sie könnten mit dieser Art von Arbeit sehr viel bewirken. Sie sind so eng mit einem für unsere Zeit charakteristischen ethischen Problem in Berührung, dass es scheint, als seien Sie aufgerufen, sich in dieser Richtung zu engagieren. Sie würden dann Ihr Wissen (Jupiter) zur Weisheit erheben und könnten den Kampf befriedigend finden.

Ihr Mars in den Fischen absorbiert das Kranke und Üble, das Sie sehen, wobei Sie keine andere Möglichkeit haben, als selbst zum Opfer zu werden. Wenn Sie aber für die Leidtragenden kämpften, würde es Sie nicht mehr krank machen. Ich sehe das Problem folgendermaßen und ich habe es ganz aus der Nähe erlebt, da ich einige Menschen in ihren letzten Lebenstagen gepflegt habe: Wenn wir Menschen bis über den Zeitpunkt hinaus am Leben erhalten, an dem der Ruf an ihren Körper und ihre Seele ergeht, taucht Pluto aus dem Untergrund auf und lungert »hier oben« herum. Ich sagte das zu einem meiner Freunde, der nur durch Medikamente am Leben erhalten wurde – ein Freund, der wusste, wovon ich sprach. Es ist sehr unnatürlich. Sie, mit Ihrer Jupiter/Pluto-Konjunktion, sind für diese unnatürliche Haltung Plutos sehr empfänglich. Und mit Saturn im Skorpion und Planeten im 8. Haus ähneln Sie dem *psychopompos*, dem Seelenführer.

Eine dialektische Auseinandersetzung in der griechischen Philosophie bestand zwischen den Begriffen *doxa* und *sophia* – Überzeugung und Weisheit. Nun, Jupiter ist *doxa*. Sie mag zur Weisheit führen, aber nur, wenn wir unsere Kenntnisse weiterentwickeln und sie zur Reife bringen. *Doxa* liegt dem Wort »orthodox« zugrunde (strenge oder starre herkömmliche Meinung). Die Orthodoxie ist der Tod jeder Kreativität. Die allgemein anerkannte Überzeugung (nicht Weisheit) des kulturellen Gesetzes kann die Fähigkeit, Weisheit aus natürlichen Quellen zu beziehen, zerstören. Wir könnten unseren Jupiter betrachten und versuchen, unsere eigenen Neigungen zu bestimmen. Sind sie eher *ortho-* oder mehr *heterodoxa*? Ist unser Denken »normal und in Ordnung« oder »anders«? Zum Beispiel liegen Jupiter und Saturn im Kampf zwischen der alten Orthodoxie und der neuen Heterodoxie. Doch das ist der Lauf der Dinge: was heute Ketzerei ist, gilt morgen als Status quo.

Zeus konnte willkürlich und boshaft handeln. Er war dafür bekannt, das Denken durch einen Zustand zu verwirren, der *Até* genannt wird und den man nur auf eine Weise interpretieren kann, nämlich als Zerrüttung. Es ist jene Art von Zerrüttung, die entsteht, wenn man verwirrt ist und nicht weiß, was man tun soll. Und so trödelt man an der Schwelle zu etwas Neuem zu lange herum, oder man lässt sich auf etwas ein, von dem man sich kein klares Bild machen kann und das einen zu Fall bringt. Vielleicht wird man auch unvernünftig und handelt vorschnell, oder man ist wie erstarrt und gelähmt und wird zu einem Opfer seiner Umgebung oder anderer Menschen. Dann gewinnen unsere Leidenschaften oder unsere Wünsche die Oberhand über unsere Fähigkeit, vernünftig zu denken und zu urteilen. Mit anderen Worten, wir verlieren unser inneres Rechtsempfinden und können zwischen richtigem und falschem, vorteilhaftem und nachteiligem Vorgehen nicht unterscheiden. Wir sind dann unter dem Einfluss von *Até*. Das war einer der Flüche des Zeus.

Astrologisch gesehen kann *Até* über uns kommen, wenn ein Jupiter-Transit auf einen Planeten oder eine Situation zu intensiv einwirkt. Zu viele Möglichkeiten und Wege des Handelns zu haben, kann genauso schwierig sein wie das Beschränktsein auf einen einzigen Pfad. Wie soll man zum Beispiel eine Entscheidung treffen, wenn es zu viele Alternativen, Wahlmöglichkeiten oder Dinge gibt, die man tun kann? Beinahe möchte man denken: »Da hat Jupiter mir eine viel zu große Auswahl angeboten – ich kann mich unmöglich entscheiden, deshalb werde ich jetzt in eine Starre fallen und überhaupt nichts tun.« In diesem Fall ist es schon geschehen. Man ist von *Até* erfüllt, die einen in den Ruin führen wird. Wir müssen uns fragen: Was ist hier los? Wie meistern wir diesen Aspekt unseres Selbst? Ich glaube, die Verblendung verursacht sowohl bei gewöhnlichen Sterblichen als auch bei Helden ein schlechtes Urteilsvermögen und führt letztlich dazu, dass man zu einem »Erkenne dich selbst« nicht fähig ist und auf eine Weise weitermacht, die das Gesetz des »Nichts zu viel, zu sehr« verletzt. Hier haben wir also den Aspekt des übermäßigen Genusses oder der Überaktivität – das »Zuviel« – und kennen unser Maß nicht.

Dabei fällt mir ein, dass es nicht immer so schlimm sein muss, von *Até* befallen zu sein. Auf diese Weise lernen wir, besonders in unserer Jugend. Ein 14-jähriger, der an *Até* oder Verblendung leidet, ist nicht so gefährdet wie etwa ein 48-jähriger, der seine Grenzen nicht kennt und dagegen anrennt und der sich zurückziehen und einen Weg finden sollte, um sein Leben zu überprüfen, um klar zu erkennen, was angemessen, richtig und gerechtfertigt ist.

Auch das hat mit Jupiters Fähigkeit zu tun: als ein Kanal für Weisheit zu fungieren. Wenn wir unsere persönliche Weisheit verlieren oder vergessen, was unser *moira*, unser Los oder Schicksal ist, dann erleben wir eine Art tragischen Bruches, indem wir auf Verhältnisse oder Lebensumstände stoßen, die unserer Realität sozusagen einen Knacks versetzen. Weil wir unsere Grenzen nicht kennen und uns zuviel aufgeladen haben, sind wir schließlich überlastet und von diesem »Zuviel« überwältigt. Jupiter ist nicht die personifizierte Weisheit, aber er dient als Kanal, durch den Weisheit kommen kann. Ich glaube, dass das durch die Ehe und andere Verbindungen erworbene Wissen den astrologischen

Merkmalen Jupiters und unserem Verhältnis zu diesem Planeten als »innerem Richter« eine weitere Dimension hinzufügt. Jupiter fühlt sich in der Lage, auf der Grundlage des inneren moralischen Gesetzes die richtigen Entscheidungen zu treffen. Das bedeutet manchmal, gegen den Status quo vorzugehen.

Wie ich bereits kurz erwähnte, war Zeus auch der Vater der Musen. Ihr Name bedeutet »die Mahnenden oder die Erinnernden«, und der Name ihrer Mutter bedeutet »Gedächtnis«. Auch hier haben wir als Folge wieder die Assimilierung einer Eigenschaft, die nicht angeboren ist, sondern durch die Vereinigung mit dem Weiblichen erworben oder geschaffen wurde. Die Musen inspirieren die Künste und die Wissenschaft. Zum Beispiel entstammt der Bezeichnung »Muse« das Wort »Museum«, das ein mit den Musen (*mouseion*) verbundener Ort der Künste und des Lernens war. Im traditionellen Sinn werden die Musen immer angerufen, um zu erinnern, nicht um zu inspirieren. Das ist eine andere sokratische Theorie über das Lernen – dass wir uns dessen erinnern, was die Seele bereits weiß. Wir lernen nichts Neues. Antike Dichter würden immer die Musen anrufen, damit diese ihnen alles in Erinnerung bringen, was ist, war und jemals sein wird. Daher kommen das höhere Denken und der inspirierende Geist des astrologischen Jupiter auch wieder indirekt von seinen Ehefrauen und Kindern.

Jupiter und der Gott der Ekstase

Der genießerische Aspekt Jupiters entstammt meiner Ansicht nach zum Teil seiner dionysischen Seite, die in der Beziehung mit Semele Dionysos hervorbrachte. Hera war eifersüchtig auf Semeles Schwangerschaft durch Zeus. Also erschien Hera in menschlicher Gestalt bei Semele und überzeugte sie davon, Zeus zu bitten, sie als Gott in all seiner Pracht und Herrlichkeit zu besuchen. Er versuchte, ihr das auszureden, gab aber schließlich nach, und sie zerfiel in einem Blitzstrahl zu Asche. Zeus schaffte es, den Fötus zu retten und nähte ihn dann in seine Schenkel ein – was interessant ist, weil Jupiter und Schütze die Schenkel regieren. Wie sein

Vater wurde auch er ein Ersatz-Elternteil, der sein Kind in sich reifen ließ und schließlich auf die Welt brachte. Er gebar den Gott Dionysos. Dionysos symbolisiert die Fähigkeit des astrologischen Jupiter, das Stadium transzendenter Ekstase zu erreichen. Das geschah in der griechischen Welt der Antike auf rituelle Weise, weil man glaubte, dass durch die Ausführung von Übergangs-Riten, die wichtige Wendepunkte des Lebens symbolisieren, das Leben zu ertragen wäre und die Götter besänftigt würden.

Die sogenannten Bacchanale fanden statt, um ein Stadium ekstatischer Transzendenz zu erreichen – eine religiöse Ekstase (was wörtlich »außer sich sein« bedeutet). Das geschah auf folgende Weise: Zuerst wurden große Mengen eines speziellen Weines getrunken (der wahrscheinlich einige bewusstseinsverändernde Zutaten enthielt), dann streifte man durch die Wälder, gab sich Ausschweifungen mit allen möglichen Geschöpfen hin und verfiel schließlich in einen Zustand, der *enthusiasmos* genannt wurde – was bedeutet »von den Göttern erfüllt sein«.

Das Einnehmen eines Zaubermittels ist ein uralter Brauch – seien es Meskalin oder bewusstseinsverändernde Pilze bei den mittelamerikanischen Indianern, Ayawaska in der Amazonasregion, Peyote bei den Pueblo-Ritualen oder die Moly-Wurzel der Circe, welche die Männer des Odysseus in Schweine verwandelte. In den indischen Mythen gibt es einen vergleichbaren Gott, Soma, der in die Schenkel des Gottes Indra eingenäht war und den berauschenden Trank erfand und nach sich selbst benannte. Diese Bräuche, mit denen man die Beziehung zwischen Denken und Umgebung veränderte, wurden als religiös betrachtet – sie waren schamanisch oder heilsam.[14]

14 Arthur Evans, *The God of Ecstasy,* St. Martins Press, 1988. Dieses Buch ist wunderbar – es bringt alles über Dionysos und das *Bacchae*. Es ist sehr wissenschaftlich, aber nicht geschwollen geschrieben. Am Ende findet man eine Neuübersetzung von Euripides' *Bacchae*, mit Bildern der Schauspieler in der Aufführung des Valencia Rose Cabaret. Einer von ihnen, der »Sklave«, ist Jack Fertig, ein Astrologe und Schwulen-Aktivist aus San Francisco, besser bekannt als Sister Boom-Boom der ›Sisters of Perpetual Indulgence‹.

Schamanische Rituale beinhalten oft das Aufnehmen geistiger Kraft aus natürlichen Quellen, die Befreiung von Hemmungen und das Zurückbringen einer verdrängten Handlung als Mittel zur Heilung. Gewiss haben sich auch die Derwische – wenngleich *ohne* Drogen – durch das schnelle Drehen im Kreis in einen veränderten Bewusstseinszustand gewirbelt. Das dionysische Ritual des Bacchus geht jedenfalls auf die minoische Kultur zurück – Dionysos selbst ist ein Neuling im Pantheon, obwohl ihm sein Status als Mitglied des Olymp rechtmäßig zusteht.

Der dionysische Akt (ein Jupiter-Ritual, bei dem man in die Berge geht, einen Zustand des *enthusiasmos* oder der Ekstase erreicht, sich von der gesellschaftlichen Enge, der Beschränkung auf den Status quo und der kulturellen Unterdrückung befreit und mit der Natur und den Tieren eins wird) benutzte den Kult des Dionysos, um die *participation mystique* zu erleben. Diese Form religiöser Erfahrung wird heute banalisiert und als krankhaft angesehen – das natürliche Bedürfnis, den Geist in sich aufzunehmen, führte den Durchschnittsbürger auf der Suche nach einer ekstatischen Erfahrung zu bedenklichem Alkohol- und Drogenmissbrauch. Es besteht ein instinktives Bedürfnis, natürliche Substanzen in sich aufzunehmen, um dadurch einen transzendenten Zustand zu erreichen und wieder mit dem Göttlichen in Berührung zu kommen.

Es ist zum Beispiel allgemein bekannt, dass C. G. Jung die Organisation der Anonymen Alkoholiker gefördert und unterstützt hat. In einem Brief an deren Gründer anerkennt er, dass ein Alkoholiker ein religiöser Mensch ist, ein Mensch, der den Geist in sich aufnehmen muss, um sich göttlich zu fühlen. Wir bezeichnen Alkohol sogar als »geistige« Getränke oder Spirituosen.

Die krankhafte Seite Jupiters kann Zügellosigkeit oder Exzesse beinhalten – sei es in Bezug auf eine Substanz, ein Verhaltensmuster oder ein Ritual; man nimmt etwas in sich auf und läutert sich, um einen ekstatischen Zustand zu erreichen, außer sich zu sein und an der Natur und den Göttern teilzuhaben. Nicht umsonst wurde das Theater in Athen »Theatre Dionysos« genannt. Die Bürger gingen dorthin, betranken sich, trieben es ziemlich wild und erlebten die Stücke, die auf der Bühne Tag und Nacht gespielt wurden, stellvertretend mit. Es gab eine tragische Trilogie, eine komische Trilogie und ein Satyrstück. Das Satyrstück war, soweit wir wissen, eine obszöne Satire, die auch zum bacchantischen Aspekt des Jupiter gehört. Das Satyrstück stellte auf der Bühne das primitive animalische Verlangen dar, so dass jeder dabei zusehen konnte, aber keiner mitmachen musste.

Es wird auch angenommen, dass Dionysos als Dionysos Zagreus für den orphischen Mysterienkult von Bedeutung war. Eine Variante über die Geburt des Dionysos sagt, er sei ein Sohn von Zeus und Persephone. Zeus kam zu ihr in Gestalt einer Schlange (auch hier wieder das Symbol der Erd-Weisheit), und sie bekamen Dionysos – der noch als Kind von den Titanen in Stücke gerissen wurde. Sein Herz blieb jedoch unversehrt und wurde von Zeus in Semele eingepflanzt, die ihn als Zagreus gebar. Unter diesem Deckmantel, als Dionysos Zagreus, wird er zu einem chthonischen Gott, einem Mitglied der Unterwelt, dem ein gütiges Urteil nach dem Tode, Befreiung von Strafe, Wiedergeburt und schließlich Glückseligkeit zugeschrieben werden. Auch Zeus selbst wird als Zeus Chthonios bezeichnet, weil er der Vater von Persephone, der Göttin der Unterwelt, ist. Die Orphik und Dionysos sind eng miteinander verbunden – die Frauen des orphischen Kultes wurden Mänaden genannt wie die Frauen im Gefolge des Dionysos. Euripides schrieb über sie in *Bacchae*.

In diesem Stück ist Pentheus der König von Theben. Ironischerweise ist er auch der Vetter des Dionysos, da ihre Mütter beide direkte Nachkommen von Cadmus sind. Agave, die Mutter des Pentheus, hat die Verehrung von Dionysos abgelehnt. Aus Rache treibt der Gott sie in den Wahnsinn, und sie schließt sich in dem Trubel den Mänaden an. Außerdem hat Pentheus das Bacchanal in seinem Territorium für illegal erklärt, weil es ausschweifend ist, und er empört sich über die Feiernden und die Rituale, in denen sie schwelgen. Im Grunde hat er Angst vor einem Schatten-Aspekt seines Selbst. Darin besteht der Konflikt dieser Sage: Obgleich er sich von dem Kult abgestoßen fühlt und ihn für ungesetzlich erklärt, würde Pentheus nur zu gerne heimlich sehen, was sie dabei machen. Er überredet also seinen Diener, ihn als Frau zu verkleiden, so dass er ausgehen und so tun kann, als sei er eine der

Mänaden. Dabei kann er all die abscheulichen Dinge beobachten, die dort geschehen. Sein Verlangen, als Voyeur daran teilzunehmen und aus Lüsternheit etwas zu beobachten, das er für sündig hält, ist ein Affront gegen Dionysos. Aus Wut darüber, dass ihm nicht geopfert wird, beschließt Dionysos, seinem Vetter eine Lektion zu erteilen. Wir alle kennen dieses Phänomen, wenn jemand einer Lebensweise den Kampf ansagt, an der er selbst teilhat.

Nun ist freilich der Diener des Pentheus kein anderer als der verkleidete Dionysos! Voller Übermut putzt er Pentheus als eine Mänade heraus, und sie machen sich auf in die Hügel und Wälder, wo in dieser Nacht die bacchantischen Rituale stattfinden sollen. Der König steht die ganze Zeit dabei und beobachtet alles, entsetzt, aber insgeheim befriedigt über seine Teilnahme als Voyeur. Er kann an den Handlungen teilhaben und sie miterleben, und gleichzeitig angeekelt und entsetzt sein. Er wird jedoch von einer der Mänaden gesehen und als das erkannt, was er ist, nämlich ein Heuchler, und er wird von ihr zerfetzt und in Stücke gerissen. Am nächsten Morgen wird sein Kopf, auf einer Stange aufgespießt, vor seinem Schloss zur Schau gestellt. Das Schreckliche an dieser so typisch griechischen Geschichte ist, dass es sich bei der betreffenden Mänade um seine Mutter handelt.

Ein hervorragendes Beispiel für diese Art des voyeuristischen Jupiter/Dionysos-Charakters finden wir in der (natürlich rückläufigen) Sonne/Jupiter-Opposition (Steinbock-Krebs) im Horoskop von J. Edgar Hoover, dem Gründer des FBI und seiner Folgeorganisation, dem CIA. Er hatte einen fanatischen Hass auf Homosexuelle – sie wurden vom FBI als Gesetzesbrecher angesehen – und wenn es ihm möglich gewesen wäre, hätte er Homosexualität als einen Angriff auf die Staatssicherheit verurteilt. Das Verrückte daran ist, dass J. Edgar Hoover, wenngleich nicht aktiv homosexuell, insgeheim ein Transvestit war. Wir wissen heute, dass er es genoss, weibliche Unterwäsche und Nachthemden zu tragen. Als heimlicher Transvestit verkörperte er den Archetypus des Pentheus. Eine derart extreme Projektion des eigenen Schattens beweist ein hohes Maß an Scheinheiligkeit. Wenn diese Doppelzüngigkeit zu einer Gewohnheit oder Sucht wird, werden menschliche und moralische Grenzen überschritten, was Vergeltung in irgendeiner Form nach sich zieht. Leider war Hoovers politische Macht so groß, dass seine Heuchelei erst nach seinem Tod aufgedeckt wurde.

Ein Jupiter-Konflikt kann in jedem von uns auftreten – wenn auch hoffentlich nicht in dieser extremen Form. Wenn jemand ein bestimmtes moralisches Verhalten heftig ablehnt, kann man sicher sein, dass es sich dabei um einen starken Schattenkomplex handelt. Jede übertriebene Haltung in einem der Bereiche Jupiters – Politik, Sexualität, Religion, Intellekt, Gesellschaft, Klasse, Rasse – ist die Folge einer unentwickelten, vernachlässigten Jupiterfunktion, die in ein extremes Vorurteil gegen alles umschlagen kann, was »anders« ist als wir. Die Folge ist eine Art Fremdenhass.

Jupiter-Transite können in uns das Bedürfnis wecken, auszubrechen, sich freizumachen, bisher unerforschte Dimensionen zu ergründen. Im Laufe der kulturellen und individuellen Zivilisation wird notgedrungen immer irgendetwas unterdrückt. Es wäre gut, wenn wir mehr Elemente unseres Ur-Selbstes und unserer Kindheit erhalten und uns den Zugang zu ihnen bewahren könnten. Damit unsere Zivilisation bestehen kann, ist eine gewisse Form der Verdrängung erforderlich. Trifft jedoch Jupiter im Transit auf einen Planeten unseres Horoskops, dann schütteln wir vielleicht den Mantel der Konventionalität ab und brechen aus, wobei wir uns den Händen der Götter überantworten. Dann merken wir, dass wir mit dem wilden, freien, animalischen und ursprünglichen Teil unseres Wesens in Berührung kommen müssen, und das kann eine positive Seite der Jupiter-Erfahrung sein.

Zuhörer: Demnach kann Jupiter im Horokop »in verkleideter Form« auftreten?

Erin: In der Tat – nehmen wir doch den früheren amerikanischen Präsidenten George Bush. Er war der große Bekehrer zu den Familienwerten, ein Gegner der Homosexualität, ein christlicher Fundamentalist des rechten Flügels mit hoher moralischer Haltung – und mit einem unaspektierten rückläufigen Jupiter. Zudem war er noch ein internationaler Waffenhändler und Kriegstreiber – ja, auch das ist eine Form von Transvestismus.

Wenn wir uns heute bewusst um die Wiederherstellung einer

Verbindung zu unseren mythischen oder schöpferischen Wurzeln bemühen, dann können wir vielleicht auch mit der Vorstellung, »irgendetwas da draußen hat mich zu meinem Handeln veranlasst«, aufräumen. Mit anderen Worten, wir müssen heutzutage die Veranwortung für unsere Gefühle, unser Verhalten und unsere Taten übernehmen. Nicht »etwas da draußen«, sondern »etwas in uns selbst« ist die Ursache für unser Handeln. Wissen, verbunden mit Bewusstsein und der Fähigkeit, sich zu vergegenwärtigen, wer man ist, gehören eindeutig zu Jupiter und seinem Herrschaftsbereich. Mit Jupiter um das innere Gleichgewicht zu ringen, ehrlich auf unsere Instinkte zu achten und zu versuchen, sie unserer Stellung in der Welt anzupassen, kann manchmal ziemlich schwierig sein – um es vorsichtig auszudrücken. Vielleicht drängen uns alle unsere Instinkte dazu, etwas Bestimmtes zu tun – doch die Umwelt hält es für verrückt oder lächerlich. Das ist dann der Augenblick, in dem wir herausfinden müssen, was unsere persönliche Wahrheit ist und wie wir diese Wahrheit verantwortungsvoll leben können.

Wir möchten Jupiter einsetzen oder geneigt machen, damit er uns die innere Weisheit des intuitiven Selbst schenkt, so dass wir die richtige, die korrekte Entscheidung treffen können – nicht die gesellschaftlich einwandfreie, sondern die für uns richtige, die mehr kosmische Realität hat. Ich halte das für einen Teil des eigentlichen Saturn/Jupiter-Themas: kontrollierte Expansion. Jupiters Rolle als wohlwollender Beschützer ist ebenfalls sehr wichtig.

Der Reisende – ein Fremder in fremdem Land

Wir hören von Reisen, der Erforschung fremder Kulturen, der Fähigkeit, andere Sprachen zu sprechen, der Freude an den Bräuchen einzelner Volksgruppen und Stämme – das entspricht ebenfalls in hohem Maße Jupiter. Und es hat auch seinen Ursprung in den Mythen, weil es eine der vielen Rollen des Gottes Jupiter war, Menschen bei einem Transit oder Übergang zu beschützen. Jeder Gott hat seine besondere Aufgabe – Aphrodite musste sich um die Liebe kümmern, Artemis um die Tiere, Dionysos um die triebhafte Natur des Menschen, Saturn um die aus der Schlacht heimkehrenden Helden und Jupiter kümmerte sich um die Wandernden und Reisenden. In dieser Funktion trug er den Beinamen Zeus Xenios, »Beschützer der Fremden«. Damit entspricht er unserer traditionellen Jupiter-Interpretation, denn in dieser Gestalt führt er Menschen, die das Bekannte verlassen haben und ein unbekanntes Ziel ansteuern. Wir befinden uns dann in einem Zwischenstadium – das heißt, wir haben den Ort, den wir kennen, verlassen (wie Odysseus Troja verließ) und machen uns auf den Weg »nach Hause«, doch der Pfad ist voller unbekannter Dinge.

Der heilige Ort, an dem wir uns aufhalten, wenn wir uns ohne Identität und ohne Ego zwischen dem bekannten Ausgangspunkt und dem unbekannten Ziel befinden, sollte mit großem Respekt behandelt werden. Dieser »Raum« ist ein psychischer, spiritueller und physischer Seinszustand. Er stellt eine Art bewegliches *temenos* dar (ein abgegrenzter heiliger Tempelbezirk im altgriechischen Kult – d.Ü.) – ein Ort, an dem wir unsere Ich-Identität aufgeben, um ein neues Selbst zu gebären. Das ruft die Vorstellung von Jupiter als Geburtshelfer der neuen Mythologie, des neuen Selbst hervor.

Eine der machtvollsten kulturellen Regeln im alten Griechenland betraf die Beziehung zwischen Gastgeber und Gast. Wenn ein Fremder an deine Tür kommt, bist du ihm verpflichtet und musst alle seine Bedürfnisse erfüllen. Du musst dich um ihn kümmern, weil er im Stand der Gnade ist. Tust du es nicht, wird Zeus es dir heimzahlen – du wirst all dein Gold verlieren, oder deine Tochter brennt mit irgendeinem Kerl durch, oder du und deine Familie, ihr werdet von einer Krankheit befallen. Diese beschützende Seite Jupiters haben wir alle in uns, und wenn wir in einem Übergangsstadium sind, möchten wir vielleicht Zeus versöhnlich stimmen oder ihm etwas schenken, denn er ist es, der uns in diesem schutzlosen Zustand behütet.

Wenn wir einen Wandel unserer Identität durchleben, dann kommt es in unserer Wahrnehmung der Realität zu einer Spaltung. Wir können uns nicht länger auf das alte Selbst beziehen und sind noch nicht der, der wir einst sein werden; eigentlich ist das ein religiöser Seinszustand, in dem alle möglichen Dinge geschehen können. Wir beginnen, nach Hinweisen und Zeichen zu suchen. Alles erscheint uns schimmernd und magisch. Auch wenn es schwierig und schmerzhaft sein mag, wir können jeden Tag mit dem aufregenden Gefühl beginnen, ein Abenteuer zu erleben. Doch sind wir während dieser Zeit auch sehr verletzlich und anfällig für Angriffe oder Kritik. Dabei ist es wichtig zu erkennen, dass es auch in dieser Grenzsituation einen Ort der Sicherheit gibt und dass unsere Jupiterstellung uns zeigen kann, wie wir solche Zeiten des Übergangs erleben.

In der *Odyssee* gibt es viele bedeutsame, wenn auch kurze Episoden, die sich direkt auf Schwellenerfahrungen beziehen – Odysseus kann als Beispiel für das Gesetz dieses heiligen Übergangszustandes, der Nicht-Identität, dienen. Er verletzt jedoch eine der wichtigsten Regeln für einen Reisenden. Odysseus und seine Männer kommen in die Höhle des Zyklopen Polyphemos, der Poseidons Sohn ist. Polyphemos verschlingt zwei der Männer. Odysseus bleibt einen weiteren Tag in der Höhle gefangen, während noch vier seiner Männer verzehrt werden. Er macht den Zyklopen betrunken und blendet sein Auge, dann schmuggelt er die Gruppe der Überlebenden unter dem Bauch eines Schafes hinaus. Der Zyklop brüllt und schreit und ruft seinen Nachbarn zu: »Hilfe, hilfe, ich bin geblendet, ich bin geblendet!« und alle seine Nachbarn rufen zurück: »Wer hat das denn getan?« Und Polyphemos schreit zu Odysseus hinab und fragt: »Wer bist du?«, worauf Odysseus antwortet: »*Outis!*« Das bedeutet, ich bin niemand, kein Mensch – ein Wortspiel auf seinen wahren Namen. Das ist perfekt. Dann sagt der Zyklop: »Niemand tat es, niemand tat es!«, worauf alle weggehen und ihn den Quälereien des Odysseus überlassen.

Als ich das las, hatte ich ein ähnliches Erlebnis, wie Freud es gehabt haben musste, als er darüber las, dass »Söhne im Traum mit ihrer Mutter schliefen« – ich war baff! Natürlich, so dachte ich, wenn man in einem Übergangsstadium ist, besonders im Schwellenbereich, sollte man »ein Niemand« sein. Das ist ein Naturgesetz. Hab' kein Ego, damit es dich nicht verraten kann. Offensichtlich dachten die Griechen genauso. Doch Odysseus ist ein junger Mann, aufgeregt, voller Energie und vom Heldentum des Krieges erfüllt. Und plötzlich verspielt er seine Chance, weil er mittendrin erkennt, was er mit der Vernichtung des gefährlichen Zyklopen zustande gebracht hat – und sich Anerkennung für seine Tat wünscht.

Als der Zyklop ihm weiterhin »wer bist du« zubrüllt, dreht Odysseus sich um und schreit zurück: »Ich bin Odysseus, der Sohn des Laertes!« In diesem Augenblick wendet sich sein Geschick. Bis dahin ging es ihm gut. Doch nun verletzte er eines der heiligsten Gesetze des Überganges: die eigene Identität nicht zu verraten, das Selbst loszulassen, in einem Zustand der Egolosigkeit zu verharren. Sobald man sich eine Identität aneignet, die einem nicht zukommt, ist man dem Untergang geweiht. In Zeiten des Übergangs ist das Ego weich und formbar und darf noch nicht endgültig festgelegt werden. Vorzeitig eine Identität anzunehmen, ist *hybris* – wieder eine Domäne Jupiters!

Der Poet Cavafy schrieb ein Gedicht mit dem Titel »Ithaka«, und ich werde einige Zeilen daraus vorlesen, die den Begriff des egolosen Reisenden erläutern:

> Wenn du dich aufmachst nach Ithaka
> bitte, dein Weg möge lang sein,
> voller Abenteuer, voller Unterweisungen.
> Die Laistrygonen und die Zyklopen,
> den zornigen Poseidon – fürchte sie nicht;
> ihresgleichen wirst du niemals finden
> solange dein Denken hochmütig ist…
> Erinnere dich immer an Ithaka,
> dort anzukommen, ist deine Bestimmung.
> Doch beschleunige deine Reise nicht im Mindesten.

Wir müssen dem Teil in uns vertrauen, der mit dem Reisenden, dem Wanderer in Harmonie ist – kenne dein Ziel und lass dich von den Göttern führen. Wir haben eine Bestimmung, ein Ziel, zu dem wir uns hinbewegen. Vielleicht auf zufälligen, ungeplanten Strecken oder auf Umwegen – trotz Circe, zusammenprallenden Felsen, Sirenen, Szilla (das sechsköpfige Seeungeheuer) und anderen Wesen – es gibt ein Ziel. Und das ist auf eine neue Rolle des

Ego gerichtet. Doch je mehr man sich unter dem Eindruck des Ego abkämpft, umso weniger kommt man auf seiner Reise voran. Menschen, die sich häufig in einem Übergangszustand befinden, zwanghaft Reisende, die unbedingt in ein anderes Land gehen oder sich von ihren Wurzeln lösen wollen, haben auffallende Jupiter-Aspekte. Ich muss zugeben, dass auch in mir ein solcher Zug vorhanden ist. Ich habe oft den Eindruck, dass Menschen mit einem starken Jupiter, einem Planeten im Schützen oder einem betonten 9. Haus keinen Analytiker, sondern ein gutes Reisebüro brauchen. Das ist auch eine Art, seine Probleme zu lösen. Man fährt irgendwo hin und erkennt eine andere Dimension des Lebens. Es ist nicht immer eine Flucht.

Hier kann die pathologische Seite der Dinge übertrieben werden – es ist nur dann ein Problem, wenn es zu einem Problem gemacht wird. Mit anderen Worten, ich würde nicht zu jemandem sagen: »Sie reisen viel, also laufen Sie vor etwas weg«, es sei denn, das Reisen wäre für diesen Menschen eine Flucht und nicht ein Bedürfnis oder ein Lebensstil. Manche Menschen sind so, sie müssen über den Horizont hinausgehen, sie brauchen neue Herausforderungen, müssen eine andere Sprache sprechen und sich in eine fremde Kultur begeben, um sich selbst zu entdecken. Das liegt daran, dass sie Weltbürger sind – sie denken global und nicht lokal.

Jupiter hat zwei Seiten. Da gibt es den überschwänglichen, mitteilsamen, extravertierten Weltbürger, der gerne reist, und dann ist da noch der standesbewusste Tyrann oder der dogmatische Fanatiker. Hier haben wir die Gespaltenheit des Jupiter. Menschen mit einem stark gestellten Jupiter und einer Schütze-Betonung oder vielen Planeten im 9. Haus müssen sich paradoxerweise auf unvertrautes Territorium begeben, um sich zu Hause zu fühlen.

Manchmal geschieht das, weil sie sich ohnehin wie Fremde in einem fremden Land fühlen, so dass sie genauso gut irgendwo hingehen können, wo das tatsächlich der Fall ist. Es ist, als würde man sein Inneres im Äußeren wiederfinden – das Externalisieren eines inneren Zustandes. Ein von Jupiter regierter Mensch, d.h. jemand mit einem exakten Jupiter-Aspekt zu Sonne, Mars oder

Mond, Jupiter am Aszendenten, einem unaspektierten, rückläufigen Jupiter oder Jupiter als zentralem Planeten eines Stelliums, ist von Natur aus ein Fremder und fühlt sich ofmals wohler, wenn er sich sein eigenes Territorium schafft, anstatt dasjenige zu übernehmen, in dem er geboren wurde oder aufgewachsen ist. Die Prüfung besteht darin, sich seine eigene Welt zu kreieren. Dies ist ein höchst schöpferisches Ereignis, kann uns jedoch in starke Ego-Konflikte stürzen und dadurch zur Verzweiflung bringen.

Forscher jeglicher Art stehen unter dem Einfluss Jupiters. Jupiter ist jener Teil in uns, der entfernte Horizonte entdecken und kennen lernen möchte. Sehr oft führt selbst ein Schütze-IC oder ein Jupiter im 4. Haus einen Menschen in neue kulturelle Bereiche, wo er sich in eine andere Gesellschaft einzugliedern versucht. Wenn es die Umstände erlauben oder die Verhältnisse erfordern, ziehen sie um, lassen sich anderswo nieder, wandern aus und werden in fremden Ländern heimisch. Auf diese Weise haben sie sich natürlich eine Heimat geschaffen. Abhängig vom Persönlichkeitstyp, der sozio-ökonomischen Situation, des eigenen Naturells und so weiter, kann man dieses Thema in vielen Variationen darstellen.

Zum Beispiel habe ich kürzlich das Horoskop für eine Frau erstellt, die einen sehr isolierten Jupiter hatte, der zugleich nicht aspektiert und rückläufig war. Ich wusste, dass ich mich auf gefährliches Terrain begab, denn die Frau stammte aus einer abgelegenen ländlichen Gegend Englands und hatte ihren Heimatort nie verlassen. Ich überlegte, wie ich hier vorgehen sollte. Ich weiß, dass diese Frau sich wie ein exotisches, fremdes Wesen fühlt, dass sie einsam und beunruhigt ist und glaubt, mit ihr stimme etwas nicht. Dabei ist in Wirklichkeit alles in Ordnung mit ihr. Das einzige Verkehrte war, dass sie sich niemals aus ihrer kleinen Welt hinausgewagt hatte. Könnte sie studieren, reisen oder auf irgendeine Weise neue Horizonte erforschen, würde sie erkennen, dass sie nicht seltsam ist, sondern eine »Fremde« auf der Suche nach etwas Vertrautem. Dann würde sie sich nicht so merkwürdig vorkommen.

Im Bereich unseres Jupiter können wir Distanziertheit, Einsamkeit und Entfremdung verspüren – Menschen mit einem starken Jupiter haben eigentlich viel Energie und brauchen einen gewissen Spielraum. Sie lieben es, andere Welten zu erforschen; doch wenn sie ängstlich oder schüchtern sind, oder wenn dieser Wunsch, den Horizont zu erweitern, Neuland zu erschließen oder Eigeninitiative zu zeigen, durchkreuzt wird, dann ruft das ein Gefühl unglaublicher Isolation und Getrenntheit hervor. Dadurch entsteht bei diesen Menschen die Empfindung, mit ihnen würde etwas nicht stimmen, alle anderen seien in Ordnung, nur sie selbst nicht.

Zuhörer: Was sagten Sie der Frau, die Sie eben erwähnten?

Erin: Ich schnitt schließlich das Thema ihrer Isoliertheit und des Gefühls, fehl am Platz zu sein, an. Ich sprach zu ihr über den Wert philosophischer Forschungen und erzählte ihr einige der Sagen über Jupiter, genauso wie heute Ihnen. Sie war von der Wechselbeziehung zwischen den griechischen Mythen und ihren innersten Empfindungen fasziniert. Sie beschloss zu lesen, und ich empfahl ihr einige Bücher, die ihre Erinnerungen an den Mythologie-Unterricht in der Schule auffrischen würden. Merkwürdigerweise war das genau richtig. Sie war ein introvertierter Mensch, und so benutzte sie das Lernen und die Phantasie-Abenteuer als Ventile für ihre Jupiter-Situation. Das bedeutet vielleicht, dass im Fall einer introvertierten Person ein Ausflug in den Bereich der Weiterbildung hilfreich sein mag.

Hier kommen Erziehung und Ausbildung ins Spiel. Man muss nicht einmal sein Haus verlassen, um zu reisen, man kann z.B. lesen, sein Denken erweitern und intellektuell die Grenzen seiner eigenen Erfahrungen überschreiten. Und wieder ist es Jupiter, der uns dazu drängt. Es ist der Wunsch zu wissen, vielleicht auch, sich zu erinnern, inspiriert zu werden von den Musen, von den Töchtern des Zeus, poetisch zu sein, das Leben romantisch zu sehen. Das ist sehr Jupiter-gemäß. Er war ein Romantiker. Diese harten Typen in den antiken Mythen wurden auch als sehr zartfühlend und sanft geschildert. Wohlwollen und Liebe für sich selbst sind sehr wichtig, besonders zu Zeiten, in denen man sich wie ein Außerirdischer fühlt. In seiner extremsten Form kann dieses Empfinden, ein Fremder in fremdem Land zu sein, zu Separatismus oder einer negativen Form der Ekstase führen, wo man so völlig außer sich ist, dass man sich tatsächlich spirituell in Gefahr befindet. Das kann zu einer geistigen Krise führen. Solche Dinge muss man in sich selbst erkennen.

Dieses ganze Thema der Desorientierung und Entfremdung von der eigenen Kultur, Rasse oder Religion bringt mich zu der Überzeugung, dass es ein kollektives Sammelbecken gibt, aus dem wir unsere Identität beziehen. Im Allgemeinen fühlen sich die meisten Menschen in ihrem Milieu recht wohl (Gott sei Dank, denn sonst wäre es die Hölle), aber manchmal gibt es im Familiensystem einen Rückfall in die Vergangenheit oder eine Mutation, wodurch der Mensch dann tatsächlich ein Fremder ist. Er oder sie ist plötzlich aus einer seit langem latenten Quelle aufgetaucht – aus einer einzelnen Facette dieser Familie, die vergessen oder verdrängt wurde oder schon so weit in der Dynastie zurücklag, dass sie sich verlor. Aber nun wird sie wiedergeboren und lebt in einem Mitglied der Familie neu auf. In diesem Fall wird die Ursprungsfamilie als fremd und unangenehm empfunden. Vielleicht handelt es sich hier um eine Erfahrung auf der Quantenebene, wobei es in der genetischen Gesetzmäßigkeit und im psychologischen Erbe zu einem Sprung oder einer Verschiebung kommt.

Jupiter und der Erlöser-Komplex

Es gibt bestimmte Reisende, die sich für ein allgemeines Ziel auf den Weg machen; vielleicht sind sie Versuchspersonen für menschliche Erfahrungen oder verschaffen sich Kenntnisse über unbekannte Bereiche. Sie unternehmen ihre persönliche Reise zugunsten vieler. Ihre Arbeit, sei es nun das Schreiben, Lehren, Beraten, Umgestalten oder Heilen, hat den Klang der Wahrheit, und Hunderte, Tausende, manchmal sogar Millionen von Menschen reagieren darauf. Ihr Schicksal – und das wird *nicht* im Horoskop berechnet – dürfte eine Rolle dabei spielen, dass sie zu einem Sprecher für die Allgemeinheit werden. Sie verkörpern einen Archetypen und entfernen sich daher aus dem persönlichen Bereich. Ich hatte einst das Privileg, einen radikalen mittelamerikanischen Jesuitenpriester kennen zu lernen, der sein Leben lang für seine

Leute gekämpft hatte. Er lebte für die Revolution, reiste unter Pseudonym durch die Welt, las die Messe in Kriegsgebieten, schmuggelte Menschen über Grenzen und beteiligte sich aktiv an der Revolutionspolitik seines Landes. Auf einer Reise zu dem Ort, an dem ich lebe, konnte ich mit ihm sprechen und stellte ihm viele Fragen über sich selbst – doch keine seiner Antworten war persönlich.

Eine mir sehr nahe stehende Freundin, die sich unglücklicherweise in ihn verliebte und ein Kind von ihm hat, brauchte Jahre, um eine Wahrheit zu erkennen, die mir in dem Augenblick klar war, als er durch meine Tür trat. Er gehörte der Allgemeinheit, er war nicht »menschlich«, er war göttlich. Sein Name ist kein fester Begriff, er ist nicht berühmt wie die Gurus unserer Zeit – das ist nicht seine Aufgabe. Er ist eine lebende Verkörperung der Ängste seiner Kultur und auch deren Heiler. Ich bin nicht leicht zu beeindrucken und ich war auch von ihm nicht beeindruckt – ich war voller Ehrfurcht und fasziniert vom *charisma* seines Geistes (das Wort bedeutet im Griechischen »Gnadengabe« oder »Geschenk ohne Verpflichtung« und ist im Allgemeinen ein Geschenk der Götter). Nach dem Gespräch musste ich meiner Freundin, so leid es mir für sie persönlich tat, mitteilen, dass dieser Mann niemandem gehörte. Er gehörte den Göttern. Er hatte die Sonne und andere persönliche Planeten im Schützen/9.Haus und auch sein MC befand sich im Schützen; außerdem hatte er Jupiter am Aszendenten.

Dieser Guerillapriester, wie er genannt wird, ist ein in sich ruhender, solider Jupiter-Typ, der über die verschiedenen Aspekte wie Intelligenz, Weisheit, Wahrheit, Gerechtigkeit und eine starke Verbundenheit mit der Natur und dem Göttlichen verfügt und sie verkörpert. Jupiter präsentiert oft einen spirituellen Lehrer. Von allen Göttern und Planeten sind es der Gott Zeus und der Planet Jupiter, die in ihrer Funktion mehrere Eigenschaften gleichzeitig verkörpern können, weshalb Jupiter der vielschichtigste Planet des Horoskops sein dürfte. Wenn wir in unseren eigenen Jupiter alle Attribute aufnehmen, die ihm zugeordnet und zugeschrieben werden, dann können wir zu einer Art Kanal oder Brücke zwischen dem Heiligen und dem Profanen werden.

Hier finden wir die wahren Lehrer – Menschen, deren persönliche Gotteserfahrung nicht abgespalten und auf irgendeinen Guru projiziert wird. Sie erleben ihre Beziehung zu Gott als gleichberechtigt. Und sie können tatsächlich die Wahrheit lehren, weil sie nicht vom Dogma der *dox* – der allgemeinen Meinung – vergiftet sind. Dann fungiert Jupiter als innerer göttlicher Führer, um die Bereiche jenseits der bekannten Realität unter Beteiligung und in Zusammenarbeit mit den Göttern zu erforschen. Dadurch sind sie geschützt. In dem Fall ist es ungefährlich, dieses Territorium zu betreten, weil es nicht aus *hybris* und auch nicht aus Egoismus geschieht, sondern aus dem aufrichtigen Verlangen heraus, zu lernen. Es geht nicht darum, etwas zu wissen, sondern etwas zu lernen.

Wenn unsere eigene Jupiter-Funktion »rein« ist, werden wir instinktiv merken, wann Wissen dogmatisch wird. Ich kann das nicht beschreiben, aber ich denke, Sie werden es spüren – Sie werden etwas als fragwürdig empfinden und sich abwenden wollen. Es ist eine Form der Verunreinigung. Die Vorstellung, über die gewöhnliche Realität hinauszugehen und mit dem Göttlichen in Berührung zu kommen, ist eine Idee des Jupiter, nicht eine des Uranus – wenn ich so sagen darf. Anders ausgedrückt, sie hat nichts damit zu tun, dass man sich abgrenzt und in die Welt der idealen Formen begibt, die Plato beschrieb und in der alles hier unten als eine billige Kopie erscheint. Es geht vielmehr um die echte Verbundenheit und das geheime Einverständnis zwischen dem Heiligen und dem Profanen. Auch unser starkes Verlangen nach einer rationalen und intellektuellen Erklärung dafür, warum Gott existiert, wie Gott existiert und wie man ihn definieren kann, gehört zu Jupiter.

Bei der Betrachtung der spezifischen Aspekte und Platzierungen Jupiters sagen wir: »Also, wie stellen Sie sich das vor, welche Schlüsse ziehen Sie daraus, welche Erklärungen kommen Ihnen in den Sinn, wie gehen Sie mit Ihrem Wunsch um, Dinge zu wissen, die jenseits unserer Erkenntnisfähigkeit liegen?« Und auch das geschieht durch eine Jupiter-Erfahrung. Aber es gibt da auch eine wirklich pathologische Seite. Ich bin mir sicher, dass Sie alle bereits den Dogmatiker kennen – sozusagen den »angegriffenen« oder »verdorbenen« Jupiter.

Die Allmacht und Allwissenheit des Zeus, die so wirkungsvoll, hilfreich, gütig und freundlich ist, kann auch absolut verheerend sein, wenn sie in der Psyche zu einer autonom wirkenden Kraft wird, die nicht mit den anderen Planeten zusammenarbeitet. Wenn Jupiter sich aufbläht und die Kontrolle übernimmt, bekommt alles einen hochmoralischen Anstrich. Das Ergebnis ist gewöhnlich, dass man alles ablehnt, was außerhalb des eigenen Glaubenssystems liegt und jedem, der lange genug stillhält, seinen Willen und seine Dogmen aufzwingt.

Ein aufgeblasener Jupiter könnte es in der Tat ziemlich toll treiben, vielleicht ist das auch der unbewusste Kompensationsversuch eines Menschen, der unter schrecklichen Minderwertigkeitsgefühlen leidet. Hier finden wir die Spaltung zwischen dem Selbst und den anderen – hier bin ich und da seid ihr, ich bin in Ordnung und ihr nicht. Das ist natürlich eine Form der Fremdenfeindlichkeit – Jupiters Schattenbereich, seine pathologische Seite. Im Idealfall führt uns Jupiter zur Akzeptanz der Tatsache, dass die einzelnen Menschen und Kulturen zwar unterschiedlich, aber ebenso gültig sind und zu Recht bestehen, und dass Überzeugungen relativ sind. Gelegentlich zeigt Jupiter eine unglaubliche Rücksichtslosigkeit, besonders als religiöser oder politischer Fanatiker, oder er ist einfach ein unerträglicher Langweiler.

Ich wette, hier ist niemand, der nicht schon einmal auf dem hohen Ross saß und sich anderen gegenüber aufspielte, indem er ihnen zeigte, wieviel er wusste und wie Recht er doch hatte oder was spirituell einwandfrei ist. Das gehört einfach zum Erwachsenwerden, nicht wahr? Es ist ein Teil der Entwicklung. Das alles ist ganz natürlich und geschieht instinktiv, dennoch sollte man diese übersteigerte Vorstellung der eigenen Göttlichkeit im Auge behalten. Sie führt uns zurück zu dem Aspekt des göttlichen Kindes, das dieser Phase nie entwächst. Dennoch gibt es viele Menschen, die es tun, und es gibt auch viele Arten von göttlichen Kindern, weil sie alle die notwendigen Erfahrungen machten: die gefahrvolle Kindheit, der Streit mit den Eltern, die schmerzhaften Verletzungen, Entdeckungen und Erfahrungen, der Kampf um die Freiheit und für die Rechte der eigenen Generation, die Gelegenheit, Kultur wiederzubeleben – kurz, das ganze Spektrum der heldenhaften Entwicklungsgeschichte Jupiters.

Doch als Aspekt des religiösen Fanatikers, der rücksichtslos ist und glaubt, Recht zu haben, wird Jupiter sehr gefährlich. Das beweisen die religiösen und moralisch-ethischen Entscheidungen um den Ayatollah und was mit dem Autor Salman Rushdie geschah. Hier haben wir ein perfektes Beispiel für einen toll gewordenen Jupiter: einen Autor, der ein »blasphemisches« Buch geschrieben hat, mit der *fatwah* zu belegen. Der Ayatollah hatte eine Jupiter/Venus-Konjunktion im Schützen/3.Haus. Ein anderes Beispiel außergewöhnlicher Intoleranz und Selbstgerechtigkeit ist die Organisation *Fundamentalist Christian movement* in den Vereinigten Staaten. Sie ist haarsträubend, hatte jedoch die volle Billigung des früheren Präsidenten Reagan und wurde als unantastbar erklärt durch George Bush, dessen Jupiter, wie ich bereits erwähnte, unaspektiert und rückläufig ist. Hier haben wir die Aufgeblasenheit eines Menschen, der seinen Moralkodex für den einzig richtigen hält und damit basta – was die anderen betrifft: Kopf ab! Wenn Pluto in den Schützen eintritt, werden wir noch mehr religiöse Auseinandersetzungen erleben.

Es gibt Dinge, die wir im Auge behalten sollten: zum Beispiel Jim Jones, den Sektenführer aus San Francisco und den Massenselbstmord seiner Anhänger in Guiana in den 70er Jahren. Und dann gibt es noch David Koresh in Waco, Texas, der erst vor kurzem erklärte, er sei Gott, der Messias der Massen und das göttliche Kind. Das ist eine archetypische Angelegenheit. So etwas begegnet einem öfter (natürlich nicht immer in so ausgeprägter Form), besonders wenn man in Bereichen wie Astrologie oder in einem Heilberuf tätig ist. Hier haben wir eines der Schreckgespenster bei unserer Arbeit als Astrologen. Es ist das Berufsrisiko, die intellektuelle *hybris*, Wissen mit persönlicher Macht gleichzusetzen und mit der überheblichen Arroganz Jupiters jedem die eigenen Grundsätze aufzuzwingen.

England hatte seinen eigenen Jupiter-Menschen, David Eyke, mit seinen türkisfarbenen Jogginganzügen und messianischen Überzeugungen – wirklich eine gute Farbe, dieses Türkis, eigentlich eine göttliche Farbe, nicht wahr? Ist er nicht ein Sportkommentator oder so etwas Ähnliches?

Zuhörer: Ja, er war ein Sportberichterstatter im Fernsehen.

Erin: Da haben wir's, Jupiter/Schütze. Ein zuverlässiger Interpret des Spirituellen, ein Lehrer oder Übermittler universeller Wahrheiten, er hat zweifellos eine starke Jupiter-Betonung. Sein Rechtsempfinden ist umfassend und gütig, er kennt und akzeptiert Unterschiede, macht aber keine. Und wenn er doch Unterschiede macht, dann erinnert er sich, dass das ein Trick des Verstandes ist und dass es in Ordnung ist, ein weißer Profi der Mittelklasse zu sein oder ein Unberührbarer in Indien. Es ist auch in Ordnung, ein Indianermischling in New Orleans zu sein. Es ist jedoch nicht in Ordnung, wenn wir denken, dass solche Unterscheidungen falsch sind. Es ist daher ganz in Ordnung, festgelegt und eingegrenzt zu werden, wie Saturn das in seiner Geschichte darstellt, aber es ist Jupiters Aufgabe, die Unterschiede zu achten und zu respektieren.

Zuhörer: Kann Jupiter Anzeichen von Zügellosigkeit und Faulheit aufweisen? Gibt es dafür auch eine philosophische Quelle?

Erin: Hm. Ja, doch ist es mehr die Psychologie als die Philosophie, die sagt: »Ich bin etwas Besonderes, also kümmere dich um mich.« Es ist nicht eine besonders hoch entwickelte Auffassung, wenn es wirklich um Faulheit geht, aber es gibt Ideologien, die das Ausnutzen anderer rationalisieren. Auch das kann auf die Spitze getrieben werden. Man lässt alles laufen und geht stempeln. Das in Ordnung zu finden, ist es für die Menschen, die so jemanden unterstützen, bestimmt nicht. Es gibt jedoch eine genaue Grenze zwischen sozialer Bedürftigkeit und sozialer Verantwortungslosigkeit. Ich möchte annehmen, dass Jupiter in dieser Art Psychologie eine wichtige Rolle spielt. Damit will ich nicht sagen, dass jene, die etwas haben, nicht denen helfen sollten, die es brauchen – verschiedene Grade der Besteuerung sind in diesem Zusammenhang sicher gerecht. Der religiöse »Zehnte« wurde eingeführt, um die Kirche zu unterstützen, was nicht jedem passt. Es wäre eine andere Form der Abgabe möglich, eine, die meiner Meinung nach für alle einen Wert hätte. Es wäre zum Vorteil des Gebers wie des Empfängers, wenn wir Zeit, Liebe oder Geld –

je nachdem, was unser größter Aktivposten ist – zurückgeben würden an die Gemeinschaft, die uns unterstützt, in der wir leben und arbeiten und mit der wir innerlich verbunden sind.

Das Charisma von Zeus – der etymologische Ursprung des Wortes bedeutet »hell« – ist Glanz, Brillanz und strahlende Leuchtkraft. Jupiter-Menschen haben ein besonderes Charisma, und jeder, der unvermittelt in ihre Aura gerät, kann ein Problem mit dem eigenen unterentwickelten Jupiter bekommen. In der Reife der Lebensmitte scheinen Jupiter-Menschen freundlicher und weicher zu werden und die Energien anderer nicht mehr so dringend zur eigenen Stärkung zu brauchen – so wie Shakespeare es in seinem Monolog beschrieb, kann sich im Laufe der Zeit ein freundliches, onkelhaftes Naturell entwickeln. Menschen, denen es an Unterscheidungsvermögen mangelt, sei es auf Grund jugendlicher Erregtheit oder weil sie an der schrecklichen Schwäche *Até* leiden, können von Jupiter-Menschen vereinnahmt werden. Dadurch geraten sie vielleicht in eine bedrohliche Lage und in spirituelle Gefahr.

Wir müssen also Jupiter immer unter Kontrolle halten, vielleicht indem wir Saturn ein wenig stärker entwickeln, um ein Gegengewicht zu schaffen. Jupiters Anliegen ist es, dass wir uns als heilig und göttlich erleben können – allerdings im Kontext unseres irdischen Lebens.

Mit den Worten des Orakels heißt das: »Erkenne dich selbst« und »Nichts zu viel, zu sehr«. Demnach wäre es das höchste Ziel Jupiters und unserer Selbstentwicklung, dass wir all die komplexen, von Jupiter symbolisierten Archetypen verkörpern, uns eine zielgerichtete, aber ausgewogene Einstellung erarbeiten und dabei immer das große Ganze im Auge behalten.

Jupiter-Aspekte im Geburtshoroskop

♃

Sonne und Jupiter

Sonne und Jupiter sind einander ziemlich ähnlich – astronomisch wird Jupiter mit seinen Monden und seiner Anziehungskraft mit einem »Mini-Sonnensystem« verglichen. Beide sind Herrscher eines Feuerzeichens, beide sind Kräfte, die für das Gedeihen, die Gesundheit und das Wohlbefinden des ganzen Menschen wirken und beide »strahlen«. Erinnern wir uns, der Sonnengott Apollo ist Jupiters Sohn, und wenn sie zusammenwirken, erfahren wir das Leben als etwas Dramatisches und Heldenhaftes. Wie immer ihre Wechselbeziehung auch sein mag, Jupiter wird jede Eigenschaft der Sonne verstärken. Haben wir zum Beispiel ein Sonne/Saturn-Quadrat, aber einen Trigon-Aspekt zwischen Sonne und Jupiter, dann besitzen wir das Potential für eine gediegene, schrittweise Ego-Entwicklung. Ein Sonne/Saturn-Quadrat bedeutet, dass wir alle sieben Jahre kritische Wendepunkte erleben, bei denen das Ego zerstört und wieder aufgebaut wird. Durch das Jupiter-Trigon haben wir jedoch immer das Gefühl, begünstigt zu sein, und es lässt unser Selbstwert- und Ich-Gefühl weniger düster und geringwertig erscheinen. In Krisenzeiten wird dieser Mensch wahrscheinlich eine stärkere spirituelle Unterstützung spüren, und auch Hoffnung, Optimismus und Glaube werden in schwierigen Phasen nicht so schrecklich nachlassen. Das Problem wird uns nicht abgenommen, aber Jupiter fügt dem Ganzen eine andere Dimension hinzu, nämlich inneren Antrieb, Freisetzung von Kräften und eine Wahlmöglichkeit, die uns Saturn verwehrt.

Im Grunde ist eine Sonne/Jupiter-Konjunktion »gut«. Wie bereits erwähnt, unterstützt Jupiter die Sonne und kann der Persönlichkeit mehr Glanz und Leuchtkraft verleihen. Durch Jupiter kanalisiert die Sonne Würde, Besonnenheit und Charisma, was natürlich auch des Guten zuviel werden kann. Zweifellos besteht ein grundlegendes Gefühl der Unsterblichkeit sowie das Potential, auf extreme Weise zu handeln oder sich selbst und das eigene Ego zu erproben und herauszufordern – und im Sport und bei physischen Anstrengungen den Körper sehr zu beanspruchen. Bergsteigen und Klettern, Autorennen (falls Mars mitmischt), Ski-Abfahrtslauf, Fliegen, Paragleiten und ähnliches sind Sonne/Jupiter-Aktivitäten. Sie sind alle mit einem hohen Risiko verbunden, vom Glück (eine Domäne der Götter) abhängig und zeigen *hybris!* Bei Sonne/Jupiter muss ich immer an Ikarus denken: Man fliegt zu nahe an die Sonne, glänzt zu sehr, überstrahlt alles andere, getrieben von dem Verlangen, höher und höher zu kommen.

Bei allzu intensiven Sonne/Jupiter-Kontakten (besonders bei der Konjunktion) stellt *hybris* die größte Gefahr dar – man übernimmt sich, gibt sich allzu imposant und großartig oder beweist zuviel Großzügigkeit. Obwohl es sich dabei um einen relativ günstigen und freundlichen Aspekt handelt, gibt es Leute, die Sonne/Jupiter-Menschen instinktiv ablehnen. Sie halten diese für gefühllos und denken, sie hätten keinen Kontakt zur breiten Masse, zu den gewöhnlichen Menschen. Geborene mit einer starken Sonne/Jupiter-Prägung sind von einer derart hoheitsvollen Aura umgeben, dass das normale, alltägliche Selbstbewusstsein und die persönliche Unsicherheit, die alle Menschen haben, davon verdeckt werden. Das kann andere zu der Auffassung verleiten, diese seien unbesiegbar und unzerstörbar und von der menschlichen Fehlbarkeit, die alle Übrigen erleben, ausgenommen. Nicht dass sie sich unbedingt in Szene setzen wollen, doch wenn der Scheinwerfer angeht, glänzen sie eben ein bisschen heller als alle anderen. Die gute, rettende Eigenschaft dabei ist immer der Humor.

Ich habe es stets interessant gefunden, dass Emmet Kelly, der »traurige Clown«, vier Planeten im Schützen hatte, einschließlich einer engen Sonne/Saturn-Konjunktion in diesem Zeichen. Sein Jupiter befand sich im Skorpion, was dem Ganzen eine interessante Wendung gibt. Er war der erste Clown, der sich von den schönen und lyrischen Clowns nach französischem Vorbild, mit ihren seidigen, spitz zulaufenden Hüten, löste. Kelly begründete eine Tradition, die Chaplin übernahm und die dann von allen möglichen Clowns weitergeführt wurde. Der traurige Clown verkörpert die Melancholie Saturns, aber auch den kosmischen Schmerz des Schützen. Der Schütze-Humor enthält immer einen Hauch von Weltschmerz und Überdruss, als hätte ein flüchtiger Blick auf die Welt ihn getrübt, weil er erkannte, dass die Großartigkeit der idealen Welt ein kosmischer Scherz auf Kosten von uns Sterblichen ist.

Wo Jupiter ist, herrscht Größe, aber es sind die Konjunktionen, Quadrate und Oppositionen, die in Gefahr geraten können, sich zu sehr aufzublähen. Aufgeblasenheit zeigt sich nicht immer als Selbstverherrlichung. Sie kann sich auf raffinierte Weise verstellen (Zeus war ein Meister der Tarnung) und dabei bescheiden, nett, freundlich, großzügig und liebevoll erscheinen, während diese offen bekundeten Eigenschaften in Wahrheit eine List darstellen. Meistens geschieht dies jedoch völlig unbewusst.

Zuhörer: Ich kenne jemanden mit einer Löwe-Sonne im Quadrat zu einer Mars/Jupiter-Opposition. Dieser Mann ist allem Anschein nach sanft, freundlich, liebevoll, freigebig und großmütig – und tatsächlich ist er in materieller Hinsicht auch sehr großzügig. Beim Umgang mit Menschen, die er nicht gut kennt, oder am Telefon wirkt er, als könne er kein Wässerchen trüben. In Wahrheit ist er jedoch sehr ichbezogen und monomanisch, was er allerdings selbst nicht erkennt. Seine Zuneigung erscheint unecht, sie wird unterschiedslos jedem zuteil, alle Leute werden »geliebt«. Er hat auch Angst, zur Ruhe zu kommen und sein eigenes Verhalten zu ergründen und ist sehr zynisch, was die psychologische Entwicklung betrifft. Er zieht es vor, gleich von einer höheren Ebene auszugehen und sich auf das zu konzentrieren, was er spirituelle Entwicklung nennt. Er behauptet von sich, niemals ärgerlich zu werden, aber ich habe ihn feindselig, gemein und skrupellos erlebt. Überdies meint er, wenn andere ihn in Wut bringen, wäre er nicht »er selbst«.

Erin: Wer soll er denn sonst sein? Und außerdem, wie will er das erkennen, wenn er mittendrin steckt? Es ist ein verdrängter Teil seines innersten Wesens. Ich glaube, dieser Mann hat die Weisheit übernommen, dass ein nettes, freundliches Verhalten gleichbedeutend ist mit einem netten, freundlichen Menschen. Wir wissen, dass diese Gleichung nicht immer aufgeht. Möglicherweise hatte er einen außerordentlich gütigen, aber geplagten Vater – der Sonne/Jupiter-Aspekt lässt an einen überlebensgroßen Vater denken, verbunden mit Mars jedoch auch an einen Konflikt mit dem Vater oder mit der Vaterrolle. Manchmal verbirgt sich hinter Großzügigkeit die Angst vor Intimität, wenn man den Menschen anstatt Liebe oder echter Zuneigung materielle Dinge gibt, hat man dadurch eine Art Kontrolle über sie, man kauft sich frei und sie können nichts mehr erwarten oder verlangen. Ich weiß nicht, ob das für Ihren Freund zutrifft, aber »Großzügigkeit« kann auch ein Schutzmechanismus sein. Ein Sonne/Jupiter-Mensch geht vielleicht nachlässig mit seinen Mitteln um, oder will sich der persönlichen Verantwortung entziehen und überlässt es dem Universum, für ihn zu sorgen. Auch das geschieht – aber nicht immer so, wie wir uns das vorstellen.

Bei einem Sonne/Jupiter-Quadrat bewegt Jupiter sich langsam und ist entweder im Begriff, rückläufig zu werden oder er wurde gerade vor einem Monat rückläufig. Es entsteht also eine völlig andere Betonung. Das könnte auf Faulheit und auf den Wunsch hindeuten, ohne große Anstrengung Bewusstsein zu erreichen. Allzu oft habe ich erlebt, dass Menschen auf dem spirituellen Weg nach Abkürzungen suchen oder hoffen, der harten Arbeit des inneren Reifungsprozesses zu entgehen. Ich spreche hier nicht von einem psychologischen Modell, das kann eine andere Art von Dogma darstellen – ich spreche einfach davon, sich zu allen Zeiten so genau wie möglich bewusst zu sein, was man tut und warum man es tut.

Ein Sonne/Jupiter-Quadrat ähnelt dem Getroffenwerden von einem Pfeil, dessen Abschusswinkel sich gerade ein klein wenig außerhalb unseres Gesichtsfeldes befindet, während wir bei einer Opposition ganz genau erkennen, was »da draußen« ist oder auf uns zukommt. Eine Konjunktion ist ein inneres Geschehen, eine selbsterzeugte Energie. Das Trigon stellt einen ziemlich angenehmen Winkel dar – Trigone fangen das Licht ein, brechen es und strahlen es in einer friedvollen Harmonik aus. Ein Quadrat nähert sich jedoch von der Peripherie her, und wenn wir dann Scheuklappen tragen und nur geradeaus starren, sehen wir nicht, was kommt, und es trifft uns überraschend von der Seite. Mit einem Sonne/Jupiter-Quadrat sind wir vielleicht beherrscht und besessen oder zumindest intensiv beschäftigt mit unserem Glauben und unseren Überzeugungen sowie mit den ethischen und moralischen Grundsätzen, die Teil unserer Persönlichkeit sind. Das Bewusstsein eines Menschen kann man nicht durch das Betrachten seines Horoskops erkennen, nur im persönlichen Gespräch und durch Verständnis für seine Erfahrungen erfährt man genau, wie er damit umgeht. Schreiben Sie nie jemandem auf Grund seines Horoskops eine bestimmte Einstellung oder ein moralisches Vorurteil zu. Ein Mensch könnte absolut schreckliche Aspekte haben und trotzdem ein Heiliger sein. Andere Menschen haben vielleicht nur Trigone und Sextile, und alles, was sie tun, ist essen, trinken und schlafen – was übrigens nicht die allgemein gültige Interpretation von Trigonen und Sextilen ist!

Bei einem Sonne/Jupiter-Quadrat besteht die Gefahr, von übersteigerten Ideen überschwemmt zu werden und sich selbst zu überschätzen oder zu wichtig zu nehmen, nur weil man vermutet, dass von außen jemand oder etwas einen beherrschen will. Die Folge ist, dass man selbst zum Tyrannen wird. Dabei ist ein rechter Despot an sich nichts Schlechtes – zum Beispiel ein tüchtiger Verwaltungsbeamter oder eine Führungspersönlichkeit mit Verständnis und Scharfblick. Der Begriff Tyrann stammt von *tyrannos*, dem griechischen Wort für »König«, und bedeutet daher nicht immer etwas Schreckliches. Doch Menschen niedrigen Bewusstseins oder solche, die unsicher und verwirrt sind oder schon früh negative Erfahrungen mit Autoritäten und Gerechtigkeit machten, können eine Art göttliches Sendungsbewusstsein entwickeln. Dann wird der eigene Wille ohne irgendeinen vermittelnden Einfluss jedem unterschiedslos aufgezwungen. Das Leben kann ungerecht sein und ist manchmal unfair – doch mit einem Sonne/Jupiter-Aspekt nimmt man jede Ungerechtigkeit persönlich. Stirbt zum Beispiel ein Elternteil sehr früh, empfindet man das als persönliche Beleidigung; wird ein Kind drangsaliert und schikaniert und ist ein Opfer von Ungerechtigkeit, ein Jupiter-Opfer, dann ist das unentschuldbar und wird in die moralische Entwicklung Jupiters aufgenommen.

Die positive Version eines Sonne/Jupiter-Quadrats zeigt sich bei Menschen, die von einem Gefühl göttlicher Bestimmung erfüllt sind und als ziemlich reiner Kanal für Wahrheit und Weisheit dienen. Sie müssen aber sehr bewusst und rigoros mit sich umgehen – ständige Wachsamkeit ist vonnöten, die Sonne (das Ego) braucht eine höhere Instanz, die darauf achtet, dass sie nicht die Kontrolle über sich selbst verliert. Man kann nicht sagen: »Ach sieh mal, ein Sonne/Jupiter-Quadrat – du hältst dich wohl für besonders toll, nicht wahr?« Es ist sehr unwahrscheinlich, dass dies voll und ganz zutrifft, denn niemand denkt so. Jeder durchlebt Augenblicke, in denen es ihm an Selbstbewusstsein fehlt und gerade ein Sonne/Jupiter-Mensch kann Zeus verinnerlichen und sehr hart mit sich ins Gericht gehen – die Extreme, wie Sie wissen. Sie können jedoch zu einem Menschen mit Sonne/Jupiter-Quadrat ruhig sagen: »Ich bin sicher, Sie müssen sich große Mühe geben, damit Sie Dinge nicht überkompensieren oder übertreiben oder sich selbst mehr herausstellen, als Sie für Ihre Selbstbestätigung und Selbsterfahrung brauchen.«

Die Kehrseite ist ein aufgeblasenes Ego. Es besteht die Neigung, Ego und Gottheit in einen Topf zu werfen. Dennoch sind Sonne und Jupiter im Großen und Ganzen ein höchst angenehmes Paar – sehr harmonisch; man kann sagen, dass beide eine hohe Meinung von sich selbst haben und einander großen Respekt entgegenbringen. Da Jupiter ein sozialer Organisator ist und die Sonne gleichzeitig Zentrum und Horizont (d.h. Selbst und Ego) verkörpert, besteht die Fähigkeit, das große Ganze zu erkennen. Sonne/Jupiter-Verbindungen sind für den Menschen, der sie in sich trägt, gewöhnlich recht günstig. Ich persönlich mag die Vorstellung des großzügigen, wohlbeleibten Gastgebers, der vom Kopfende des Tisches aus das große Wort führt und Witze macht.

Zuhörer: Was ist mit dem Quinkunx-Aspekt?

Erin: Ein Quinkunx ist spirituell unschlüssig – gewöhnlich

weist es eine Seite auf, die Sonne-Jupiter normalerweise nicht zeigen. Das hängt mit dem Gefühl zusammen, dass man ein Lebensziel hat, aber nicht genau weiß, wie es zu erreichen ist. Man strebt und sucht vielleicht unablässig und ärgert sich, wenn die Dinge nicht sofort vorangehen. Es kann zu häufigen Fehlstarts kommen und oft stürmt man den falschen Pfad entlang. Quinkunx-Aspekte zwischen Sonne und Jupiter brauchen von beiden Seiten viel Geduld und Nachsicht, und: sie unterscheiden sich voneinander. Das applikative Quinkunx – ein 1./6. Haus Aspekt – kann uns das Gefühl geben, über den physischen Körper ständig mit Gott zu kämpfen. Wir haben vielleicht Probleme mit dem Gewicht, mit Zucker oder mit der Verdauung. Das separative Quinkunx – ein 1./8. Haus Aspekt – kann sich anfühlen, als hätten sich die Götter verschworen, unseren Weg zu einem schwierigen, irreführenden Pfad zu machen, voll spiritueller Gefahren und Herausforderungen, die Göttern angemessen sind.

Zuhörer: Was verstehen Sie unter einem »1./6. Haus Aspekt«?

Erin: Wenn man den langsamer laufenden Planeten am Aszendenten platziert und dann bis zu dem schneller laufenden Planeten, der mit ihm den Quinkunx-Aspekt bildet, weitergeht, dann gibt es zwei Möglichkeiten: Der schnellere Planet geht auf eine Opposition mit dem langsameren Planeten zu (applikativer Aspekt: 1./6. Haus) oder er entfernt sich aus der Opposition (separativer Aspekt: 1./8. Haus). Auf diese Weise haben Aspekte eine auf Häuser bezogene Nebenbedeutung. Es gibt zum Beispiel auch zwei Arten von Sextilen: Eines bildet sich, wenn sich der schneller laufende Planet von dem langsameren entfernt (separativer Aspekt: 1./3. Haus-Sextil) und das andere, wenn sich der schneller laufende Planet dem langsameren annähert (applikativer Aspekt: 1./11. Haus-Sextil). Das gibt den Aspekten eine zusätzliche Dimension, die im Horoskop nicht unmittelbar erkennbar ist, aber das Ziel dieses Aspektes aufzeigt. Der Ablauf ist folgendermaßen: Konjunktion (1. Haus), Sextil (3. Haus), Quadrat (4. Haus), Trigon (5. Haus), Quinkunx (6. Haus), Opposition (7. Haus), Quinkunx (8. Haus), Trigon (9. Haus), Quadrat (10. Haus), Sextil (11. Haus), und dann wieder die Konjunktion.

Der erste Quinkunx-Aspekt hat mit dem Körper und seinen

Problemen zu tun. Manchmal handelt es sich dabei um die bereits erwähnten Dinge, es kann aber auch zu Schwierigkeiten mit der Leber, dem Kreislauf oder den Nieren kommen. Diese Probleme hängen von unserer Fähigkeit ab, Gifte abzuleiten und den Körper zu entschlacken. Das ist die reinigende Seite Jupiters. Sie kann Gesundheitsprobleme mitsichbringen. Für Menschen mit einem starken Jupiter ist Maßhalten die beste Lösung. Oft erkennt man das erst, wenn es schon fast zu spät ist.

Der andere Quinkunx-Aspekt, der auf die Opposition folgt, ist geheimnisvoller und hat mehr mit Risikobereitschaft und den Themen des 8. Hauses, wie Sexualität, zu tun. Übertriebene Genusssucht, Schuldgefühle, Exzesse, Puritanismus, Religiosität, Ängste – all das kann sich bei einem Quinkunx-Aspekt zwischen Jupiter und Sonne zeigen.

Zuhörer: Kann es sein, dass eine Sonne/Jupiter-Konjunktion am MC viel Aufmerksamkeit auf sich zieht, vielleicht sogar unerwünschte Aufmerksamkeit? Ich habe diesen Aspekt im Steinbock, und mein ganzes Leben hindurch haben besonders die Menschen an meinem Arbeitsplatz mir gegenüber Eifersucht und Unmut gezeigt. Ich habe dafür keine Erklärung. Eigentlich tun es nur die Kollegen, die mir gleichgestellt sind, weder meine Vorgesetzten noch meine Untergebenen verhalten sich so. Ich finde, es sind nur die Gleichrangigen.

Erin: Das trifft zu, wenn Sie am höchsten Punkt des Horoskops einen Schwerpunkt haben. Dann sind Sie Angriffen ausgesetzt. Die anderen reden über Sie, sie haben etwas zu sagen. Die Leute glauben, sie müssten über Sie ihren Kommentar abgeben, sie projizieren ihre eigenen unentwickelten oder nicht verwirklichten Eigenschaften auf Sie. Befindet sich Jupiter im Horoskop nahe der Himmelsmitte, dann muss man merkwürdigerweise darauf achten, nicht ein Opfer von Klatsch und Tratsch zu werden. Aus irgendeinem Grund sind die anderen Menschen auf alles, was man hat oder ist, eifersüchtig. Man versteht das vielleicht nicht, weil man es selbst als gegeben hinnimmt, nicht bewusst wertschätzt. Doch die anderen sehen es, und wenn es eine Eigenschaft reflektiert, die in ihnen selbst unentwickelt blieb, kann man dadurch unbewusst eine Verstimmung in ihnen hervorrufen. Vielleicht hat man selbst eine Begabung, die ihnen fehlt und die sie gerne hätten. Deshalb muss man zu anderen besonders gütig und wohlwollend sein und ein gewisses Maß an Verantwortung akzeptieren – Menschen mit Jupiter-Betonung obliegt es oft, netter und verständnisvoller zu sein als alle anderen, selbst wenn sie ihnen am liebsten den Kopf abreißen würden!

Das Problem besteht darin, die anderen wirklich wahrzunehmen – d.h. sie in ihrem eigenen Licht zu sehen. Jupiter achtet nicht auf kleine Dinge – er neigt zu Chauvinismus und elitärem Verhalten und nimmt nur das zur Kenntnis, was schön, groß und erfolgreich ist oder im Mittelpunkt des Interesses steht. Außerdem sollten Jupiter-Menschen erkennen, dass sie Selbstvertrauen und Zuversicht ausstrahlen und daher anderen helfen müssen, ihr eigenes Selbstbewusstsein zu entwickeln. Sonst könnten sie als arrogant und beherrschend, tyrannisch und von sich eingenommen angesehen werden, während sie es sich einfach nur gut gehen lassen und aus den gegebenen Umständen das Beste machen. Doch die anderen denken vielleicht: »Wofür hält er sich eigentlich?« Ich vermute, dass es sich bei Ihnen im Grunde um eine Prüfung hinsichtlich Ihrer Demut oder Bescheidenheit handelt.

Mag sein, dass Sie zu beschäftigt sind, um all die kleinen Dinge wahrzunehmen, für die Menschen Anerkennung erwarten. Also haben sie das Gefühl, Sie seien ihnen überlegen, oder nehmen Sie als jemanden wahr, der sich für überlegen hält. Sie müssen für sich selbst einige Entscheidungen treffen: entweder Sie machen sich nichts daraus, oder Sie öffnen sich den anderen, gehen auf sie zu und lassen sie wissen, dass Sie sie wahrnehmen. Ein anderer Faktor ist das echte Glück, das Jupiter mit sich bringt und das die anderen verrückt macht. Wir sollten jedoch daran denken, dass »Glück« von den Göttern zugeteilt wird und sich wieder wenden kann. Stimmen wir sie günstig – bringen wir Zeus viele Brandopfer dar!

Zuhörer: Es ist manchmal ziemlich einsam, und das ist aufrichtig gemeint, ich fühle mich ausgeschlossen – es ist nicht so ein Glück, wie sie alle meinen! Ich würde gerne tauschen und einfach nur »durchschnittlich« sein.

Erin: Ich verstehe, was Sie sagen, aber Sie meinen das nicht wirklich. Was Sie sagen wollen, ist, dass Sie von den gewöhnlichen Sterblichen akzeptiert werden wollen. Es ist eine feine Sache, mit den Göttern freundschaftlich zu verkehren, doch arbeiten muss man mit Durchschnittsmenschen. Sie müssen zugeben, dass da ein Fünkchen hierarchischen, elitären Denkens besteht, und das kann Spaß machen. Es bedeutet nicht unbedingt, dass Sie ein Snob sind. Tatsächlich können Sonne/Jupiter-Menschen sehr scheu sein – weil sie so oft auffallen! Aber Sie wissen, dass bestimmte Dinge an bestimmten Orten getan werden, und es gibt Menschen, die sich überallhin begeben können – Sie genießen die Rollen, die Sie spielen und die angenehmen Dinge des Lebens. Jupiter ist ein elitärer Planet. Er erkennt, was gut, schön, weise und wahr ist, und alles Niedrige und Gemeine wird ignoriert – es sei denn, er hat eine dionysische Veranlagung. In diesem Fall besteht eine Faszination für die eher zweifelhaften Elemente der Gesellschaft, die heruntergekommenen Wracks und Außenseiter, die Obdachlosen und jene, die in unserer Gesellschaft fremd sind und ruhelos umherziehen.

Jupiter und Merkur

Jupiter und Merkur stellen eine Kombination von Allmacht und Redseligkeit dar. Man hat das Talent, Botschaften zu überbringen, und die Fähigkeit zur Übermittlung, Förderung und Verwirklichung von Ideen – diese Menschen sind geborene Redner. Das heißt nicht, dass sie die ganze Zeit sprechen, aber in Gedanken übersetzen sie pausenlos Bilder und Symbole in Worte. Merkur/Jupiter-Menschen eignen sich vorzüglich für akademische Berufe, sind aber auch sehr einfühlsam. Sie können gut die innere Integrität anderer erfassen und haben ein Gefühl für deren persönliche ethische Grundsätze. Man denke dabei an Menschen, die für andere als deren Verteidiger oder Befürworter eintreten, die sich von ihren eigenen Überzeugungen lösen und gemäß den Bedürfnissen anderer handeln können. Zum Beispiel wären sie gute Rechtsanwälte oder fähige Verteidiger eines Schuldigen vor Gericht, denn Merkur packt jede Situation mit einer gewissen Unparteilichkeit an. Zwischen Jupiter und Merkur besteht von Natur aus ein spielerischer Aspekt, aber er verleiht dem Denken auch einen ernsthaften Zug.

In Homers Hymne an Hermes zeigt Hermes sich als *enfant terrible* – vom Augenblick seiner Geburt an macht er nur Unfug. Er stiehlt Apollos (der Sonne) Rinderherde und – um eine lange, wunderbare Geschichte kurz zu machen – seine Abenteuer finden schließlich in einer inoffiziellen Gerichtsverhandlung ihr Ende, mit Zeus als Richter über seine kindischen, aber schlauen Missetaten. Nun kennt Zeus, wenn man ihm einen Streich spielt, keine Gnade – doch Hermes findet er charmant und geistreich, und so wird er zu Zeus' Lieblingssohn. Zwischen den beiden besteht ein geheimes Einverständnis, das einen Schwindler und Betrüger, einen Clown oder einen Menschen mit scharfem Verstand und Schlagfertigkeit hervorbringen kann. Im Allgemeinen ist Merkur-Jupiter amüsant und vergnüglich.

Man hat viel Freude am Austausch von Informationen und an der Rangordnung, denn Jupiter als Oberhaupt des Pantheon muss ein Gefühl der Überlegenheit haben. Unser Jupiter gibt Auskunft darüber, wo wir überlegen sind. Es muss daher zugegeben werden, dass mit einem starken Jupiter eine gewisse elitäre Haltung anderen gegenüber besteht. Doch in Konjunktion werden Merkur und Jupiter die geborenen Helfer und Interpreten. Sie können unklare Informationen auf so einfache Weise interpretieren und in Worte fassen, dass andere Menschen selbst komplizierte Konzepte verstehen. Wie üblich, trifft auch die umgekehrte Variante zu: Sie können die einfachsten Dinge auf höchst umständliche Weise ausdrücken!

Zuhörer: Weisen die Horoskope von Linguisten oder Übersetzern Merkur/Jupiter-Aspekte auf?

Erin: Nicht immer. Natürlich müssen Sprache, Linguistik und die Interpretation von Symbolen eine gewisse Faszination ausüben, wobei das Denken ständig versucht, die Dinge zu verstehen und Bedeutung und Ursache für alles herauszufinden. Erinnern Sie sich daran, wie wir über das Rationalisieren von Mythen sprachen? Das war nicht nur eine methodische Übung, sondern ließ uns erfahren, wie weit Jupiter gehen kann, um für die einfachsten

Dinge eine Erklärung zu finden. Liebe zur Geschichte, zur Vergangenheit, zu den kulturellen Ursprüngen und zur Religion – Jupiter spürt allen Dingen nach, in denen sich die Menschen kulturell unterscheiden, obgleich sie *en masse* eine kollektive Identität haben. Es ist die Aufgabe von Zeus-Jupiter, dem Leben Sinn und Bedeutung zu geben. Das Knacken der Kommunikations-Codes, die eine Kultur von der anderen trennen, ist eine typische Fähigkeit von Merkur-Jupiter.

Merkurbetonte Jupiter-Menschen müssen sorgfältig darauf achten, sich nicht an Dogmen zu klammern. Erinnern Sie sich noch an *doxa* gegen *sophia*? Überzeugungen sind bei Merkur/Jupiter-Menschen zahlreich und oft widersprüchlich, und sie müssen tiefer gehen, um zur Weisheit zu gelangen. Manchmal verdrängen Überzeugungen die Weisheit, denn das Denken wird nur allzu leicht von oberflächlichen Konventionen, Allerwelts-Philosophien und modernen Plattitüden beeinflusst, die keine Wahrheiten, sondern Klischeevorstellungen sind. Nun schlummert auch in der stereotypen Form ein Funke Wahrheit, denn sie stellt den allgemein verständlichen, aktuellen Ausdruck eines Archetypus dar. Die angeborene Genusssucht und die Bequemlichkeit Jupiters müssen überwunden werden, damit Merkur-Jupiter lernt, ein tieferes Verständnis zu entwickeln und nach der Wahrheit zu suchen, ohne das Verfahren durch die Übernahme gängiger Ansichten abzukürzen.

Zuhörer: Ich könnte mir vorstellen, dass dies ein guter Aspekt für Lehrer ist. Aber ist es auch ein Zeichen für Schriftsteller? Ich möchte Bücher schreiben, bin aber nicht besonders diszipliniert. Ich arbeite mit Shiatsu und Reflexzonenmassage und möchte diese Tätigkeiten mit Astrologie verbinden.

Erin: Das ist eine gute Idee – verschiedene Therapieformen in Synthese zu bringen, entspricht sehr einer Merkur/Jupiter-Konjunktion. Sie geben Hilfe und Unterstützung und haben den Wunsch, andere das zu lehren, was sie gelernt haben. Diese Konstellation könnte auch für einen Schriftsteller kennzeichnend sein, aber dann wäre das 9. Haus wichtig; Merkur-Jupiter ist expansiv und möchte sein Wissen aufschreiben und verbreiten, doch für die Manifestierung, das eigentliche Schreiben, diesen langweiligen und entmutigenden Teil des ganzen Vorhabens, ist meiner Ansicht nach ein guter Schuss Saturn erforderlich. Merkwürdigerweise habe ich viele Schriftsteller mit Merkur/Pluto-Aspekten getroffen – vor allem mit Quadraten und Oppositionen, aber auch mit Trigonen und Sextilen. Doch für Publikationen und für die weitere Verbreitung der eigenen Ideen ist das 9. Haus zuständig.

Zuhörer: Würde Merkur-Jupiter nicht dazu tendieren, sich zu übernehmen, oder zum Dilettantismus neigen?

Erin: Ja. Es kann zu einer Überladung mit Information kommen, und man muss aufpassen, dass man sich nicht verzettelt. Manchmal ist es schwierig, eine Unterscheidung zu treffen und zu erkennen, was zu einem Thema gehört und wie man Information in kleinen Dosen vermittelt. Sie können sicher sein, dass die Menschen nicht alles lesen wollen, was Ihnen durch den Kopf geht, selbst wenn Sie das annehmen. Der Applaus kommt nach der Vorstellung! Manche dieser Leute ohne Unterscheidungsvermögen sind das, was ich einen »Bildungs-Junkie« nennen würde. Sobald sie einen akademischen Grad erreicht haben, streben sie schon nach dem nächsten, oder sie machen erst diesen Kurs und dann jenen. Ich glaube, irgendwann kommt der Punkt, wo man Saturn ins Spiel bringen muss. Lasst uns alle Informationen sammeln, miteinander kombinieren und in etwas Handfestes verwandeln! Die mythenbildende Fähigkeit der Merkur/Jupiter-Menschen ist stark ausgeprägt, sie sind eloquent und zeitbezogen oder halten sich für etwas Besonderes. Die Ideen mögen vom Himmel stammen, doch müssen sie hier auf Erden ausgeführt und gestaltet werden.

Eines kann ich ganz allgemein sagen: Bei Jupiter, dem Schützen und dem 9. Haus gibt es etwas, das nach Glaubwürdigkeit und Akzeptanz verlangt. Das kann durch eine gute Allgemeinbildung oder ein akademisches Studium erreicht werden oder einfach durch die Anerkennung der eigenen Leistungen. Es ist ein ungeheuer starkes Bedürfnis, eine Sehnsucht, ein erotisches Verlangen – das auf irgendeine Weise gestillt werden muss. Wenn es nicht auf herkömmliche Art getan werden kann, dann wird es eben auf unorthodoxe Art geschehen. Jupiter kann in seinem Bemühen, Glaubwürdigkeit, Referenzen und Anerkennung zu erreichen, sehr kreativ sein. Immer wenn ich hinter dem Namen einer Person eine Aufzählung ihrer akademischen Grade sehe, rieche ich förmlich Jupiter, den Schützen und das 9. Haus. Vorhin sagte ich, man brauche keinen Analytiker, sondern ein gutes Reisebüro – ein zusätzlicher Titel würde es auch tun!

In der Sage konnte Hermes »den Menschen die Sinne verwirren« und sie in eine Art Trance versetzen, so dass sie nicht merkten, was vor sich ging, und Zeus flößte ihnen *até* ein. Zwischen diesen beiden kann man sicherlich die Orientierung verlieren! Vielleicht kommt es auch zu Wahrnehmungsproblemen, denn Merkur regiert die sprichwörtlichen »Bäume« und Jupiter den »Wald«. In einer Merkur/Jupiter-Konfusion kann man unvernünftig, zerstreut oder übertrieben engagiert sein oder um Einzelheiten zuviel Aufhebens machen. Ein weites Betätigungsfeld kann Tiefe ersetzen, und obwohl ich es nicht für richtig halte, eine Jupiter-Person mit dominantem Merkur als oberflächlich zu bezeichnen, hat man gelegentlich das Gefühl, von diesen Menschen nicht richtig gewürdigt oder verstanden zu werden.

Zuhörer: Meinem Mann vertrauen andere Menschen ihre Probleme an. Selbst Fremde im Zug erzählen ihm von ihren ganz persönlichen und manchmal erschreckenden Schwierigkeiten. Er hat Merkur und Jupiter im 12. Haus. Es ist ein persönliches Problem für ihn, dass er sich zu gut in Freunde, Nachbarn und Familienmitglieder hineinversetzen kann.

Erin: Sonderbar. Aber sehen Sie, er hat diese Planeten im 12. Haus! Fremde (unter der Herrschaft von Zeus Xenios) erzählen ihm ihre Geheimnisse (12. Haus), während sie unterwegs sind. Beide, Jupiter und Merkur, regieren und beschützen die Reisenden. Offensichtlich ist Ihr Mann für Menschen in einer Übergangsphase eine Merkur/Jupiter-Gestalt. Er sollte einen Beruf daraus machen, da er eine angeborene Fähigkeit hat, Rat zu erteilen oder einfach als schweigendes Orakel Fremden Weisheit zu vermitteln. Das ist eine bemerkenswerte Erscheinung. Warum ist er darüber beunruhigt, und ist dies tatsächlich der Fall? Seine Faszination hinsichtlich der Schwierigkeiten und des Schicksals der Allgemeinheit liegt in seinem 12. Haus-Aspekt begründet. Merkur und Jupiter sind eigentlich ziemlich neutral, und zwar in dem Sinne, dass Merkur einfach ein Vermittler, ein Kanal, ist – er hat nichts zu sagen, er ist der Bote, nicht die Botschaft.

Doch die mangelnde Fähigkeit zur Kontrolle weist auf ein anderes Problem hin. Wir könnten also sagen, es handelt sich hier um einen Mann, der nur schwer »nein« sagen kann. Und das zeigt sich auf diese Weise. Er hört sich alle diese langen traurigen Leidensgeschichten an – aber damit hat Merkur-Jupiter kein Problem. Die Schwierigkeit liegt woanders. Vielleicht lässt er sich von seinen eigenen Interessen ablenken und schenkt sich selbst nicht genug Aufmerksamkeit. Das wäre ein hartes Urteil. Ich kenne den Mann nicht, also möchte ich das keinesfalls sagen, solange ich nicht den Beweis dafür sehe. Hier haben wir einen interessanten Punkt dieses Problems, denn es zeigt sich, dass der Aspekt an sich nicht pathologisch ist. Doch die Art und Weise, wie er erlebt wird, oder der Zusammenhang, in dem er dargeboten wird, kann so sein. Planeten des 12. Hauses können im Schlaf- oder Ruhezustand und damit völlig unbewusst bleiben, und vielleicht merkt Ihr Mann nicht, dass er sich gegen das, was er von anderen hört, abgrenzen muss.

Quadrate und Oppositionen können hart sein, weil wir manchmal nicht erkennen, dass wir uns zuviel aufladen, bis wir überlastet und ausgebrannt sind. Mit diesem Aspekt halten wir uns für allmächtig und denken, wir könnten mit allem fertig werden – und vielleicht stimmt das sogar, aber man kann das nicht die ganze Zeit über, und so kommt man unvermeidlich zu Fall. Wie etwa mit einer Sonne/Jupiter-Opposition, wo man glaubt, man könne es mit der ganzen Welt aufnehmen, was in Wirklichkeit natürlich nicht geht. Solche Menschen machen Versprechungen, die sie nicht halten können – nicht, weil sie schlecht sind und andere hereinlegen wollen, sondern weil sie denken: »Ich kann das. Natürlich kann ich dich und dich und dich jeweils in drei verschiedenen Stadtteilen innerhalb von 15 Minuten treffen.« Und dann gelingt es doch nicht. Steht Merkur in einem harten Aspekt zu Jupiter, dann gibt es ein Problem mit dem Ziehen von Grenzen und mit der Urteilsfähigkeit. Merkur ist nicht gerade bekannt für seine Urteilskraft und Jupiter ist allmächtig, er kann jederzeit an jedem Ort alles tun, was er will.

Zuhörer: Macht es einen Unterschied, wenn sie in ihren eigenen Zeichen sind, wie etwa Merkur in der Jungfrau oder in den Zwillingen bzw. Jupiter im Schützen?

Erin: Beachten Sie, dass sie die beweglichen Zeichen regieren – Zwillinge, Jungfrau und Schütze. Hier sind eindeutig die Schaltstellen für Information, Assimilation und Verteilung. Sie gehören zu dem, was ich den Kommunikations-Kreislauf nenne (der mit den Fischen, dem kollektiven Sammelbecken uralter Weisheit, endet). Befinden sie sich also im Kreis der von ihnen regierten oder »verschwisterten« Zeichen, dann verstärkt das womöglich das Bedürfnis nach starken Überzeugungen und systematisch geplanten intellektuellen Aktivitäten. Hermes-Merkur ist im Grunde nicht wählerisch. Doch das Zeichen Jungfrau hat mit sehr selektiven, präzisen Parametern zu tun. Jungfrau wird gebraucht, um Dinge voneinander abzugrenzen.

Sie ist praktisch und intelligent veranlagt und gibt der Tätigkeit des Zwillings, der unterschiedslos Daten sammelt, einen Sinn. Nehmen wir an, Sie arbeiten an einem Forschungsprojekt. Sie haben alle einschlägigen Bücher gelesen, alle nötigen Notizen gemacht und müssen sich jetzt hinsetzen und den Jungfrau-Part erfüllen. Um es weiter zu vervollkommnen, folgt eine Schütze-Aufgabe. Die letzte Überarbeitung obliegt immer den Fischen – das heißt, ein anderer kümmert sich um die Ausführung dieser Tätigkeit. Jemand, der über Objektivität verfügt, denn bis Sie zu den Fischen kommen, haben Sie Ihre eigene Vision bezüglich des Projektes verloren. Durch die Funktion der Fische wird das Wesentliche bis zur Vollkommenheit herausgearbeitet – oder das Ganze verschwindet, weil es nicht lebensfähig ist. Sie selbst können das (wenn überhaupt) nicht so klar erkennen.

Was nun Merkur selbst betrifft: Planeten sind völlig verschieden von den Zeichen, die sie regieren. Man kann sich die Zeichen als einen Entwicklungprozess vorstellen – im Fall der beweglichen Zeichen gehen sie vom Datensammeln (Zwillinge) zu deren intelligenter und systematischer Erfassung (Jungfrau) über. Merkur unterscheidet nicht, aber Jungfrau tut es. Das muss sein, sonst erstickt man, weil man diese Massen an Information ohne Aufbereitung und Assimilierung nicht verarbeiten kann. Dann wird das

Ganze zum Schützen gesandt, wo es zu einer voll ausgereiften Überzeugung wird.

Zuhörer: Ich habe erst mit vier Jahren zu sprechen begonnen. Meine Eltern dachten, ich hätte ein ernsthaftes Problem. Heute verdiene ich mit Reden meinen Lebensunterhalt. Ich arbeite als Spendenbeschaffer für große Gesellschaften und Vereinigungen. Ich reise durch die Welt und überrede Menschen, in ökologische Projekte zu investieren. Mein Merkur befindet sich am Ende des Skorpions, aber in Konjunktion mit Jupiter am Anfang des Schützen im 4. Haus.

Erin: Sie schaffen Verbindungen – das ist es. Was Sie beschreiben, ist eine interessante Abweichung von der Norm in Bezug auf die Kommunikation. Es hört sich an, als hätten Sie Ihrer Familie nicht viel zu sagen gehabt, so lange es nicht unumgänglich war. Anscheinend waren Sie ein Beobachter, Zuschauer oder Zeuge, was die Interaktionen in Ihrer Familie betrifft. Es kann gut sein, dass Sie Ihre aktive Teilnahme bis zur letzten Minute aufgeschoben haben. Ich nehme an, dass auf Sie etwas übergegangen ist, das in Ihrer Abstammungslinie weit zurückliegt und mit dem Sie erst Verbindung aufnehmen mussten, bevor Sie sprechen konnten oder kommunizieren wollten. Sobald das geschehen war und Ihr Kindergemüt seinen Bezugspunkt oder Platz in der Familie gefunden hatte, folgte die Redegewandtheit.

Zuhörer: Sowohl meine Schwester als auch ich haben eine Merkur/Jupiter-Konjunktion, aber bei mir steht sie im Steinbock und bei ihr im Wassermann. Wir liegen altersmäßig 13 Monate auseinander und machen einander verrückt, denn ich mag Logik und Systematik und sie verlässt sich auf ihre Intelligenz und Gewitztheit, ist sehr spontan und riskiert viel. Sie verzettelt sich, ist jedoch begabt, während ich mir immer ein wenig schwerfällig vorkomme. Ich bin konzentriert und brauche Sicherheit. Ich habe einen akademischen Titel, und sie nicht, trotzdem ist sie in ihrer Arbeit »erfolgreicher«.

Erin: Eine meiner Klientinnen hat Jupiter im Steinbock, und sie ist eine brilliante Orchesterleiterin. Ihr Jupiter steht im Quadrat zu Merkur in der Waage. Sie reist durch die ganze Welt und dirigiert, und mit nur 40 Jahren ist sie bereits sehr berühmt. Nun schreibt sie gleichzeitig an zwei Büchern über zwei verschiedene historische Themen aus der Musikwelt. Hier haben wir wirklich eine hervorragende Kombination von Jupiter und Merkur, die außergewöhnlich produktiv ist. Sie verfügt über alle positiven Eigenschaften, ist lebhaft, voller Schwung, begabt, »glänzend«. Doch gibt es einige Beziehungsprobleme auf Grund ihrer vielen Reisen. Mit dem Transit der Uranus/Neptun-Konjunktion über Jupiter im Steinbock wird zwangsläufig etwas zu Ende gehen und sich wandeln, um der Energie ein anderes Betätigungsfeld zu geben.

Jupiter und Venus[15]

Zeus und Aphrodite sind die prominentesten Mitglieder des olympischen Pantheons – sie sind einander ebenbürtig. In der *Ilias*[16] stellt Homer Aphrodite vor, indem er sie »Aphrodite, die Tochter des Zeus« nennt. Wir kennen jedoch eine noch ältere Sage, nach der Aphrodite durch Parthenogenese dem Uranos geboren wurde und die Älteste aller Götter und Göttinnen ist. Ungeachtet der Elternschaft, gelten Aphrodite und Zeus in der ganzen Mythologie als gleich mächtig, zügellos, begabt, gütig – aber auch als grausam, wenn ihnen jemand in die Quere kommt, Ungelegenheiten bereitet oder einen Streich spielt. Beide haben die wunderbare Fähigkeit, andere zu bezaubern, und beide bemühen sich darum, ihre Macht und ihren Einfluss aufrecht zu erhalten. Aphrodite hat auch eine kriegerische Seite, sie war eine standhafte Verteidigerin der Trojaner, die bei Helena und Paris, ja selbst bei Zeus ihre Tricks anwandte. Sie belegte sie mit einem Zauberbann aus Liebe und Verlangen, so dass ihre Sinne von Begehren und Lust abgestumpft und geschwächt waren. Zeus konnte verschiedene Gestalten annehmen und verwandelte sich in einen Schwan, einen Stier oder einen goldenen Schauer. In diesen Verkleidungen

15 Siehe hierzu auch: Erin Sullivan, *Venus - Planet der Liebe und Sinnlichkeit*, Chiron Verlag, 1998, Seite 132ff.

16 Homer, *Illias*, Buch III, 274.

verführte er so manche Frau. Aphrodite ist die Göttin der Liebe und auch die des Krieges – und wenn Zeus und Aphrodite gemeinsam auftreten, kann alles geschehen.

Beide sind positive, erfolgreiche Mittler im Horoskop. Sowohl Venus als auch Jupiter gelten als »wohltätig« – Venus ein bisschen weniger, Jupiter etwas mehr. Zwischen diesen beiden Planeten besteht eine ästhetische Harmonie, die bei Konjunktionen, Trigonen oder Sextilen besonders stark ist. Menschen mit einem Jupiter/Venus-Aspekt, der traditionell als freundlich oder günstig gilt, haben Charisma und Charme, können andere bezaubern und ihnen den Kopf verdrehen. Offensichtlich kann es auch zuviel des Guten sein, doch wie Mae West (die ein weites Quadrat zwischen Venus im Krebs und dem rückläufigen Jupiter im Widder hat) einst sagte: »Zuviel von etwas Gutem ist gerade richtig.«

Die berühmten Exzesse von Jupiter und Venus können sich physisch, emotional oder spirituell zeigen – das »Zuviel« ist vor allem das Resultat bestimmter Winkel, einfach deshalb, weil der Energiefluss zwischen den Planeten erschwert wird und die Spannung der Oppositionen, Quadrate, Quinkunxe und der von ihnen abgeleiteten Aspektformen Angst und Unruhe hervorruft. Angst erzeugt Unbehagen und macht krank, und das kann sich im Körper in Form von Übergewicht, Diabetes oder Hypoglykämie (besonders bei familiärer Disposition), Nahrungsmittel-Allergie, Hormonschwankungen, etc. auswirken. Man kann sich emotional auf exzessive Weise engagieren, verbissen um sein Glück kämpfen, um dann, emotional übersättigt, alles aufzugeben. Spirituell kann es zu *hybris* oder Selbstüberhebung kommen, wenn die durch gewisse Aspekte zwischen den Planeten hervorgerufene Spannung nicht assimiliert werden kann.

Durch die Vorrangstellung Jupiters mag es Venus/Jupiter-geprägten Menschen schwer fallen, sich in andere hineinzuversetzen. Tun sie es dennoch, dann fühlen sie sich vielleicht durch irgendeine Gemeinheit oder scharfe Kritik so verletzt oder abgestoßen, dass sie sich schnell wieder zurückziehen, um ihren eigenen Weg weiterzuverfolgen. Obwohl sie gefühllos erscheinen können, werden sie oft durch andere Menschen und deren Energien überstimuliert und sind dann schwankend oder unschlüssig.

Introvertierte Menschen neigen dazu, Venus-Jupiter in Form künstlerischer, literarischer oder philosophischer Beschäftigungen auszuleben, während extravertierte Personen sich eher im gesellschaftlichen Bereich engagieren.

Beide Planeten werden mit Stolz und Hochmut in Verbindung gebracht – Venus als Aphrodite-Urania und Jupiter-Zeus stehen für das großspurige rationale Denken, und ihr Verhalten wie ihre Vorstellungen können von zwingenden philosophischen, spirituellen oder ethischen Überzeugungen beherrscht sein. Diese Planetenkombination hat im Grunde etwas Elitäres – selbst in ihrer Schattenform. Ein Dogma kann Vorteile bringen oder Schaden anrichten. Ich habe Jupiter/Venus-Menschen erlebt, deren Exzesse Armut und Not betrafen! Vielleicht waren sie allzu benachteiligt, litten zu sehr unter der Armut, waren auf selbstzerstörerische Weise zu oft Opfer ihrer eigenen Wünsche und Bedürfnisse geworden.

Manchmal mögen Jupiter und Venus die harte oder dunkle Seite eines Menschen nicht leichter oder heiterer machen, sondern bis zum Übermaß steigern. Denken Sie an den Ayatollah mit seiner Jupiter/Venus-Konjunktion im Schützen/3.Haus, der nicht einen Moment lang für gütig gehalten werden kann, sondern als wirkungsvoll, mächtig, hochmütig, auf manische Weise religiös und zutiefst orthodox – eine weltbekannte Persönlichkeit, ein Mann des Glaubens und des Gewissens. Seine Vision, wie Gott sich manifestieren soll, ist einzigartig und steht in Einklang mit dem strengsten Dogma. Hier haben wir ein Extrem an Gläubigkeit, ein geradliniges Denken, das nicht in der Lage ist, das Heterodoxe mit einzuschließen – d.h. die Möglichkeit, dass es andere, ebenso gültige und wertvolle moralische Grundsätze, spirituelle Glaubenssysteme und gesellschaftliche Sitten gibt.

Wo Jupiter ist, da finden wir heroische Leistungen oder Heldentaten, und Venus hat eine duale Natur – Urania, die himmlische Göttin, und Pandemos, die irdische Göttin. Es scheint, als würden die Feuer- und Luft-Kombinationen von Jupiter und Venus (die zwangsläufig auf Trigone, Sextile und Oppositionen schließen lassen) vor allem aus Träumern und Idealisten bestehen, während die Erd- und Wasser-Kombinationen eher den irdischen, menschlich-animalischen Pandemos-Eigenschaften der dualen Venusnatur entsprechen. Die extrem hohen Ideale und Visionen, die Jupiter-Venus in Geist und Seele eines Menschen wachrufen, müssen in eine »irdische Form« gebracht werden, sonst behalten der Himmelsgott Jupiter und Venus-Urania die Ideen, Projekte, Beziehungen und spirituellen Empfindungen oben in luftigen Höhen.

Die Ideale des höheren Denkens in die Realität des Alltagslebens einzubeziehen, ist für einen Jupiter/Venus-geprägten Menschen die größte Herausforderung.

Sie sehen also, dass man mit Trigonen, Sextilen und Oppositionen durch die Harmonie ihrer Elemente leichter arbeiten kann, weil eine Übereinstimmung zwischen der himmlischen und der irdischen Natur der beiden Planeten besteht. Denn, obwohl Zeus-Jupiter ein Himmelsgott ist, hat er die Verfügungsgewalt über »menschliche Angelegenheiten«, und Aphrodite-Venus hat zwei unterschiedliche Seiten, nämlich ihre vergängliche/liebende und ihre unsterbliche/himmlische Natur. Ein Quadrat zwischen Venus und Jupiter, bei dem die Elemente unvereinbar sind (Feuer und Wasser, Erde und Feuer, Wasser und Luft, Luft und Erde, etc.), ruft Spannung und Verwirrung hervor, wenn idealistische Vorstellungen in die gesellschaftlichen, ideologischen oder praktischen Bereiche hineinzubringen sind. Bei entspannenden Aspekten (wenn einer von ihnen ein Trigon zu Mond oder Saturn oder einem anderen persönlichen Planeten bildet), wird sich die Kombination sogenannter disharmonischer Elemente um die Qualitäten (kardinal, fix und beweglich) sammeln und einen Treffpunkt zwischen Idealismus und Realismus bilden. Dann können sich die Ideale in Form von Handlungen manifestieren. Qualitäten sind Handlungsweisen, und Elemente sind die Wesenszüge, die diesen Handlungsweisen zugrunde liegen. Daher ist es gut, wenn wir in unserem Horoskop eine ausgewogene Kombination von harten und weichen Aspekten haben.

Tief im Herzen der Jupiter/Venus-Menschen wird das Märchen von einer vollkommenen Welt inszeniert, in der alle Unterschiede durch Liebe oder philosophische Gelassenheit ausgeglichen werden können. Keiner dieser Planeten ist gegen Krieg oder Schwierigkeiten, und ebenso wenig geben sie sich einfach geschlagen. Zu ihren planetarischen Archetypen gehören sehr starke Charaktere, die in der Persönlichkeit als feste Überzeugungen hinsichtlich Liebe und Beziehungen, Kunst, Literatur, Religion und Spiritualität, Soziologie, Politik, Geld, Erziehung und Lernen und Lehren stets klar zum Ausdruck kommen. Die Chariten (Töchter des Zeus, auch als die drei Grazien bekannt) gehören zum Gefolge der Aphrodite. *Charis* ist die Wurzel von Charisma, was auf einer niederen Ebene »Anmut«, auf der himmlischen Ebene jedoch »von den Göttern beschenkt oder befähigt« bedeutet. Folglich besteht zwischen Venus und Jupiter eine große Anziehungskraft. Die Grazien oder Chariten gelten als die Verkörperung der guten und schönen Dinge, die dem Leben ihre wahre Bedeutung geben und uns mit kleinen oder größeren Annehmlichkeiten beruhigen und trösten. In jedem Horoskop befinden sich irgendwo Jupiter und Venus, und wenn sie auch nicht in einem klassischen Aspekt zueinander stehen, so zeigen sie uns doch, wo wir die Freuden des Lebens finden, welche die scharfen Kanten und harten Erfahrungen des Daseins mildern.

Doch wenn sie sich in einem bestimmten Winkel zueinander befinden und somit aufeinander beziehen, dann ist das Streben nach dem Höheren stärker und steht für das innere Wesen mehr im Vordergrund. Jupiter-Venus möchte im Leben Bequemlichkeit, Schönheit, Harmonie und Übereinstimmung haben – selbst wenn das bedeutet, sich von der gemeinen, schmutzigen Seite des Lebens in das eigene Innere oder an einen fernen Ort zurückzuziehen, in einen von der Welt abgeschlossenen Bereich, wo ein Gefühl des Friedens und der Anmut gepflegt und erhalten werden kann. Menschen, die Drogen brauchen, um sich von den Härten der Welt zu entfernen, haben oft in wichtigen Konfigurationen ihres Horoskops eine Jupiter/Venus-Betonung. Auch Menschen, die sich rigorosen religiösen Praktiken und Glaubensrichtungen verschreiben, haben Jupiter-Venus als starke Triebkraft in ihrem Horoskop.

Schönheit liegt im Auge des Betrachters. Die Geschichte von der Schönen und dem Biest ist eine großartige Allegorie, ein Beispiel für unsere Fähigkeit, hinter die Oberfläche der Dinge zu schauen und den Kern der Vollkommenheit und Anmut zu finden, der im Inneren der Schöpfung verborgen ist. Kreativität mag auch für den Jupiter/Venus-Menschen so schmerzhaft und von Kämpfen begleitet sein, wie es eine Geburt immer ist. Es besteht jedoch eine angeborene Fähigkeit, in allem die innere Schönheit wahrzunehmen, sei es ein Stein, ein Gedicht, ein Mann von der Straße oder eine Idee. Ihre Welt enthält das Potential für Vollkommenheit und Harmonie. Es liegt auf der Hand, dass diese Ideale nur in ihrer eigenen Vorstellung oder Phantasie hervorgebracht werden. Schönheit hat, wie Liebe, ihre kulturelle Aktualität und beruht auf einer kollektiven Übereinkunft. Manche Menschen scheinen immer am Puls der Zeit zu sein oder eine enge Verbindung zu allem zu haben, was in Stil, Form, Ideologie oder Politik dem allgemeinen Trend entspricht. Sie werden in deren Horoskopen oft eine starke Jupiter/Venus-Ausrichtung erkennen.

Diese Art kollektiver und individueller Sympathie bezieht oft den Mond mit ein – er steht für die Öffentlichkeit. Ein berühmtes Beispiel dafür ist Marilyn Monroe mit ihrem Mond im Wassermann am Deszendenten, in Opposition zum aufsteigenden Neptun im Löwen. Wie der Mond befindet sich auch die Venus an einem kardinalen Punkt, dem MC. Ihre Venus (in der Gauquelin-Zone des 9. Hauses) bildet ein exaktes Sextil zu Jupiter. Nun war ihr berühmter Geliebter, John F. Kennedy, auch ein Jupiter-Mensch mit einer starken Venus, doch nicht, weil sie sich in einem klassischen Aspekt zu Jupiter befand. Er hatte ein Mond/Venus-Quadrat (die Mutter Maria/Magdalena-Spaltung im Mann) sowie eine Mars/Merkur/Jupiter-Konjunktion im Trigon zum Mond in der Jungfrau. Mit anderen Worten, er hatte ein Jupiter/Mond-Trigon, das wiederum im Quadrat zur Venus stand, und wir erkennen in ihm einen Mann mit exzessiven emotionalen und sexuellen Bedürfnissen.

Zuhörer: Mit anderen Worten: Obwohl sich Jupiter und Venus nicht direkt aspektieren, bedeutet die Verbindung Jupiters zu diesem starken Venus-Aspekt, dass eine Art Jupiter/Venus-Beziehung zweiten Grades besteht.

Erin: Genau. Sie sehen, man muss mit Aspekten kreativ umgehen und seine Intuition einsetzen, dann erkennt man, dass sie auf eine Weise in Erscheinung treten können, die wir nicht als »Patentrezept« in unsere Sammlung aufnehmen können. Noch faszinierender ist (und deshalb habe ich Marilyn Monroe und Kennedy hier angeführt), dass die Venus/Aszendent-Linie in seiner Astro*Carto*Graphy Karte direkt durch Marilyns Geburtsort (Los Angeles) verläuft! Sie aktivierte also seine Venus (und natürlich war es eher seine Venus als sein Mond) durch die Position und durch das Zeichen. Seine Venus in den Zwillingen befindet sich in der Nähe ihrer Zwillings-Sonne. In ihren Horoskopen gibt es noch mehr als das, aber es veranschaulicht gut, wie sich die Planeten gegenseitig aktivieren. Kennedy hatte jedoch eine Mars/Jupiter-Konjunktion (mit Merkur), die wir als nächsten Aspekt behandeln werden – und er war wirklich einer, der sich durchsetzte, ein Mann mit einer Mission, ein Kämpfer und ein schwungvoller Redner. Seine Mars/Jupiter/Merkur-Aszendent-Linie verlief direkt durch die Philippinen und durch Vietnam unter seiner Saturn-IC-Linie – alles ist miteinander verbunden!

Jupiter und Mars

Mars war in den griechischen Mythen ja kein besonders gut entwickelter Charakter. Er wird eher selten erwähnt, und wenn, dann befindet er sich gewöhnlich mitten auf dem Schlachtfeld, in einem Aufruhr, einer Revolution oder im Hintergrund von Schwierigkeiten. Er wird allgemein als eine Art göttlicher Prahlhans geschildert, der kein hohes Ansehen genießt und gelegentlich nicht besser als ein Schlachter erscheint. Die tieferen moralischen und theologischen Aspekte des Krieges wurden von anderen Gottheiten übernommen, zum Beispiel von Zeus oder Athene. In der *Ilias*[17] sagt Zeus zu Ares: »Sitz nicht hier und beklage dich, du heuchlerischer Schurke. Von allen Göttern des Olymp bist du mir der verhassteste, denn du hast Streit und Kriege und Schlachten stets geliebt.«

Nach diesem Angriff erspart ihm Zeus weitere Strafen, aber

17 Homer, *Illias*, Buch V, 889-91.

nur, weil er sein und Heras Sohn ist. Diese Unausgegorenheit des Charakters ist interessant, aber sie beschreibt auch die Funktionsweise des Mars – primitiv, grob, durchschlagend, aber wenig differenziert, solange er nicht im Kontext mit anderen agiert.

Zuhörer: Wie steht es mit Venus?

Erin: Ares ist der Geliebte der Aphrodite und dieser Verbindung entstammt das Kind Harmonia. Jupiter und Mars bringen jedoch kein mythologisches Kind hervor. Zwischen ihnen entsteht gar nichts. Sie haben kein besonders gutes Verhältnis zueinander, auch wenn Jupiter im Ablauf der planetarischen Individuation auf Mars folgt. Es ist, als müsse auf das Einpflanzen des Verlangens (Mars) Zivilisierung und Unterordnung unter die Vernunft (Jupiter) folgen. Der griechische Gott Ares war überall für seine gewaltigen Wutanfälle bekannt, und die Römer verwandelten ihn in den Gott des Ackerbaus und der Landwirtschaft. Das Schwert wurde zur Pflugschar. Der römische Mars hatte eine tiefere religiöse und philosophische Bedeutung – ihm wurde im Frühling geopfert, und der Monat März ist nach ihm benannt. Tatsächlich begann das römische Jahr vor Einführung des Julianischen Kalenders im März.

Im Horoskop besteht Jupiters Tätigkeit für Mars darin, einen Schauplatz für seine ursprüngliche Kraft zu schaffen – ihm ein passendes Milieu und ein Betätigungsfeld zu geben, in dem er sich zum Ausdruck bringen kann. Wenn Jupiter und Mars in einem Aspekt zueinander stehen, haben sie klar umrissene Merkmale, die unterschieden und freigesetzt werden müssen. Auf welche Weise das geschieht, hängt nicht nur von dem jeweiligen Aspekt ab, sondern auch von der Ebene, auf der sich die Persönlichkeit befindet – mit anderen Worten, wer der Mensch ist und wie vielfältig seine Ausdrucksmöglichkeiten sind.

Ich glaube, dass Mars und Jupiter verschiedene Betätigungsfelder auf so vielen Ebenen wie nur möglich brauchen, ohne dadurch erschöpft oder konfus zu werden. Verbindungen von Jupiter und Mars zeigen, dass diese Menschen ihre Vitalität regelmäßig wiederherstellen müssen, indem sie ihre überschäumende Energie voll verausgaben. Körperlich robuste Menschen brauchen physische Betätigungsmöglichkeiten – das können sportliche

Spiele oder Gewichtheben sein oder eine andere Methode, durch die der Körper an seine Grenzen gebracht wird und instinktiver Ärger und Wut auf produktive Weise zusammenwirken können. Nehmen wir an, ein Mensch kann oder will sich nicht körperlich betätigen. Dann braucht er einen anderen Schauplatz, um seinen Ärger und seine Wut auf eine Weise auszuagieren, die hilfreich, unterstützend und wohltätig ist und der Gesellschaft nützt – selbst wenn das einfach nur bedeutet, selbstbeherrscht und zurückhaltend zu sein! Ein Mars/Jupiter-Mensch hat im Allgemeinen nicht viel Mannschaftsgeist, es sei denn, er wird als Star betrachtet. Fühlt er sich zum Sport hingezogen, dann gewöhnlich zu Wettbewerben, wo man »Erster« oder »Bester« sein kann, wie Skirennen oder Laufen. Geht es um den Vergleich mit den eigenen Leistungen, dann versucht er, diese stetig zu verbessern. So ist Mars-Jupiter eben – nicht unbedingt ein guter Mannschaftssportler, es sei denn, er kann die Leute von der anderen Seite für das Team aus dem Weg räumen und wird als Anführer anerkannt.

Da Mars viel mit »Kampf« zu tun hat – was einfach Überleben bedeutet –, gibt es eine Menge Dinge, die Mars aufregen können. Was immer uns bedroht, sei es Einsamkeit, Furcht, Verlust, Armut, von anderen kontrolliert, geliebt (ja, auch geliebt) oder nicht gemocht zu werden, sich in tatsächlicher oder symbolischer Dunkelheit zu befinden, lässt Mars an die Oberfläche drängen, um die Anstoß erregenden Umstände zu bekämpfen. Einige Menschen fühlen sich bedroht, wenn jemand sich um sie kümmert, weil ihr Überlebensinstinkt durch Schmerz und Zurückweisung gestärkt wurde. Daher können diese Menschen auf eine sichere, liebevolle Beziehung ärgerlich und feindselig reagieren, auch wenn das irrational erscheint. Wir müssen mit dem, was wir für gefährlich halten, Verbindung aufnehmen und es genau betrachten. *Eine* Methode, um mit dem, was uns bedroht, in Kontakt zu kommen, ist – zu prüfen, was uns in Wut bringt.

Ich stelle mir Mars als einen Zweijährigen vor – das ist der Zeitpunkt der ersten Mars-Wiederkehr. In diesem Stadium beginnen wir, uns von der Sicherheit, dem mütterlichen Schutz, zu lösen. Die Mätzchen 2-jähriger Kinder sind bekannt. Buchstäblich alles, was sich in Reichweite befindet, eignen sie sich rücksichtslos an. Kinder in diesem schrecklichen Alter sagen zu allem »nein« und bilden ihre eigene Identität außerhalb der Vorstellungen anderer. Dafür braucht man einen unglaublich starken Willen. Eine wesentliche Funktion des Mars besteht darin, die eigenen ursprünglichen Bedürfnisse von denen kultivierterer, älterer Menschen zu unterscheiden. Wenn Mars obenauf ist, dann sind wir zwei Jahre alt. Überlegen Sie genau – wenn Sie einen Wutanfall haben, wie alt sind Sie dann innerlich? Wenn Sie nicht bekommen, was Sie wollen, welchem Alter entspricht dann Ihre Reaktion? Nicht notwendigerweise der Kindheit – das ist ein ganz anderer Bereich. Sie entspricht einem Zweijährigen. Wie Ihre Forderungen erfüllt wurden, auf welche Weise man zu Ihnen »nein« sagte und bis zu welchem Grad Ihr neuentdeckter selbstbewusst-kindlicher Forscherdrang toleriert und befriedigt wurde, entspricht weitgehend Ihrer Reaktion auf ähnliche Gegebenheiten im Alter von 30, 40, 50 Jahren – und für immer.

Zuhörer: Ja, das stimmt genau. Das habe ich mir auch schon gedacht! Ich habe ein Quadrat zwischen Mars und Mond-Jupiter und war das »Opfer« einer Mutter, die alles für mich tat. Es machte mich wütend. Ich musste um meine Unabhängigkeit kämpfen und merke, dass ich mich heute noch in dieses Gefühl zurückversetzen und »mich selbst in Wut bringen« muss, wenn Sie verstehen, was ich meine. Wenn mich jemand auffordert, etwas Bestimmtes zu tun, oder mein Verhalten in Frage stellt, bin ich überzeugt, dass diese Person meine Pläne vereiteln will. Ein Teil meines Reifungsprozesses bestand in der rationalen Erkenntnis, dass dies nicht geschieht, aber in der Vergangenheit so war. Und obwohl ich bis zu diesem Kleinkind-Stadium zurückgekehrt bin, muss ich noch daran arbeiten.

Erin: Sie sehen, man kann Mars nicht wirklich entwachsen, doch man kann lernen, ihn geschickt zu behandeln, im Zaum zu halten und zu kultivieren. Das ist es wohl, was Sie tun mussten – und wahrscheinlich bis zu einem gewissen Grad auch weiterhin werden tun müssen. Ich denke, das ist eine Form des spirituellen Weges, der Weg des Kriegers. Die Verbindung zwischen Mars und Jupiter macht den Menschen Aggression und Konkurrenzdenken bewusst, aber deshalb sind sie nicht immer konkurrierende oder aggressive Persönlichkeiten. Vielmehr macht sie diese Verbindung äußerst empfindsam für martiale Energie und lässt sie vielleicht vor Situationen zurückschrecken, in denen sie eigentlich feindselig oder aggressiv handeln müssten. Unbewusst mögen sie sogar andere zu aggressivem Verhalten bewegen, sei es im Bereich der Ideen und der Philosophie oder körperlich. Hier muss man geschickt die Platzierung in die Analyse mit einbeziehen.

Jupiter-Mars kann exzessive Wutausbrüche bedeuten – eine alles umfassende und undifferenzierte Wut –, wenn der eiserne Wille des Mars auf den Zorn Jupiters trifft. Diese Kombination kann schrecklich moralistisch und verurteilend sein. Obwohl es ein psychodynamischer Prozess ist, habe ich festgestellt, dass dabei eine beträchtliche Menge an martialem Stress durch den Körper ausgedrückt wird. Das kann durch Kopfschmerzen, Stoffwechselschwankungen, plötzliche Angstattacken, Ungeschicklichkeit bei Müdigkeit oder unter emotionalem Druck, Unfälle auf Grund von Hast oder einfacher Sorglosigkeit oder durch undefinierbare schneidende Schmerzen geschehen. Man muss sich also auf eine Weise körperlich betätigen oder aktiv werden, die es einem ermöglicht, mit dieser Spannung irgendwie fertig zu werden. Viele Menschen mit dieser Planetenkombination finden, dass Qi Gong, Tai Chi oder verschiedene anregende Formen des Yoga hinsichtlich ihrer geistig-körperlichen Ausgeglichenheit Wunder gewirkt haben. Auch bei einem Körper, der die traditionellen Sportarten nicht genießt, ist diese Art der Kanalisierung wirksam. Ritualisierte Aggresssion in Form von Gruppensport bietet ein wichtiges, gesellschaftlich akzeptiertes Betätigungsfeld für die kollektive Mars/Jupiter-Energie.

Zuhörer: O ja, ich mache beides – Taek Won Do und Tai Chi –, eine aggressive und eine rezeptive Form der Vereinigung von Körper, Geist und Seele. Und es ist perfekt.

Erin: Auch für das Studium von herausfordernden Themen, die mit radikalen Veränderungen zu tun haben, kann dieser Aspekt gut eingesetzt werden. Es kann eine Faszination für den Krieg bestehen, was nicht bedeutet, dass dieser Mensch für den Krieg ist. Es heißt vielmehr, dass er sich für die Geschichte der Aggression interessiert, für kulturelle Strömungen und versunkene Zivilisationen, und dass er davon fasziniert ist, wie andere mit kriegerischen und weltanschaulichen Konflikten umgegangen sind – ob diese nun allgemeiner oder individueller Natur waren. Einer meiner Freunde, der jetzt schon sehr alt ist, war Gerichtspsychiater und arbeitete intensiv mit kriminellen Geistesgestörten, besonders mit Mördern. Man wird kaum einen netteren, vegnügteren Mann finden, als er es ist – und er hatte eine Mars/Jupiter-Konjunktion! Es ist eine fortschrittliche Methode, mit der eigenen aggressiven Schattenseite fertig zu werden, indem man seinen Lebensunterhalt damit verdient.

Mars-Jupiter faszinieren Kulturen, Menschen und Zivilisationen, die von ihren primitiven Ursprüngen ausgehend zunehmend Fortschritte gemacht haben. Diese Planetenbeziehung interessiert sich für die philosophische und psychologische Seite der Entwicklungsgeschichte. Doch wenn wir an Mars denken, fällt uns die kindliche Wut ein, die für die Individuation notwendig ist. Es ist wichtig, sich in diesem Reifungsprozess zu behaupten und selbst darzustellen und im Laufe des Älterwerdens und der Entwicklung immer mehr man selbst zu werden. Bei einer Mars/Jupiter-Konfiguration muss diese Individuation in einem sozialen Kontext stattfinden. Zum Beispiel sind die meisten Leute, die sich vehement für die Bürgerrechte einsetzen, höchst aggressive Menschen. Sie treten an die Öffentlichkeit und engagieren sich in Form von ritualisierter, gesellschaftlich anerkannter Gewalt – Demonstrationen, Proteste, die Aufforderung zum Rücktritt von Führungspersönlichkeiten – es ist eine Konfiguration, die politisch wach ist und sehr sensibel reagiert. Mit »politisch« meine ich, sich bewusst zu sein, wie durch die Interaktion von Menschen eine soziale Ordnung entsteht. Von dieser Erkenntnis müssen Mars/Jupiter-Menschen auf irgendeine Weise Gebrauch machen. Das kann durch das Schwert oder durch die Feder geschehen, oder einfach durch sehr starke und persönlich motivierende Überzeugungen. Ihre politischen Ansichten können diese Menschen veranlassen, umzuziehen oder das Land zu verlassen. Vielleicht fühlen sie sich auch durch einen Aufruhr oder Aufstand oder sogar auf Grund der ideologischen und sozialen Bedingungen in ihrem Heimatland dazu gezwungen.

Bei einer Konjunktion benötigt man große Reife, um wirklich zu verstehen, was es mit diesem hohen Grad aggressiver Energie auf sich hat. Man braucht vermittelnde Aspekte oder andere Verbindungen, die der Konjunktion Zielbewusstsein geben. Wird eine Mars/Jupiter-Konjunktion nicht gut unterstützt (etwa durch ein Saturn-Sextil oder ein Sonne-Trigon, oder auch durch die Verbindung zu einem Stellium, das ihm als Fokus oder Ventil dient), kann sie hyperaktiv oder zwanghaft wirken, ohne dabei ein Ziel oder eine Richtung zu haben. Konzentriert und richtig kanalisiert ist dieser Aspekt ein ausgezeichnetes Medium für die Darstellung gesellschaftlicher Sachverhalte. All dem liegt jedoch immer Ärger zugrunde, der durch die gewählte Arbeit in bestimmte Bahnen gelenkt und zivilisiert wird.

Die härteren Aspekte, besonders das Quadrat und die Opposition, können in sozialer Hinsicht zur Folge haben, dass der primitive Mars verleugnet und Jupiter überbetont wird. Ein solcher Mensch bestreitet vielleicht, jemals wütend zu werden, weil er daran »nicht glaubt« – er ist dafür zu gütig, zu spirituell, zu aufgeklärt. Das kann sich auf passiv-aggressive Art äußern, d.h. jeder in seiner Umgebung gerät in Wut, nur er selbst nicht. Passive Aggression ist sehr ökonomisch, man verschwendet keine Energie. Alle anderen sind völlig aufgebracht, während man selbst ganz friedlich umhergeht und sich wundert, warum jeder sich die Haare rauft, schreit und sich so hysterisch aufführt! Menschen, die auf die verborgene emotionale Haltung anderer sensibel reagieren, empfinden die Energieausstrahlung eines unausgeglichenen Mars/Jupiter-Menschen wie eine zusammengerollte Schlange im Solarplexus, die jederzeit hervorschnellen kann. Im Grunde geschieht bei diesen Menschen Folgendes: Sie haben die Entwicklung ihres Mars angehalten, und er wird nie zur Produktivität heranreifen. Sie sind chaotisch, unstet, übertrieben, und obzwar sie brillant sein können, denken sie nicht klar und leben nur auf der Basis von Glauben und Vertrauen.

Wie bereits erwähnt, hat die mythologische Entwicklung des Mars ihren Ursprung in dem drei Meter großen griechischen Gott, der mitten auf den Trojanischen Feldern Wutanfälle bekam, der nur dort zu finden war, wo Krieg und Aufruhr herrschte, und der die Menschen mit seiner Gewalttätigkeit erzürnte. Als die Mythen dann nach Rom kamen, und die Römer Mars als ein bedeutsames Symbol für den Zivilisationsprozess übernahmen, wurde Mars allmählich wohlwollender und repräsentierte, wie ich schon sagte, Landwirtschaft und Ackerbau. In einer der römischen Mythen ist Ares-Mars der Vater von Romulus und Remus. Wie Sie wissen, berichtet eine andere Sage von Aphrodite als der Mutter von Aeneas, der auch ein Gründer Roms war.

Wir können also den Vorgang, der Ares-Mars von einem griechischen zu einem römischen Archetypus machte, als eine Analogie für unseren eigenen Entwicklungsweg betrachten. Er reicht vom schreienden, zahnenden Kleinkind, das mit den Füßen stampfend sich zu behaupten versuchte, bis zu jemandem, der sagen kann: »Das bin ich, und das bist du, und hier ist die Grenze, die du gerade überschritten hast. Ich werde dich dafür nicht umbringen, aber mach das nicht wieder.« Individuation oder Entwicklung des Selbst durchläuft eben diese Stadien, in denen wir lernen, »nein« zu sagen. Wir müssen kein großes Theater darum machen und die Axt schwingen oder ähnliches. Die Mars/Jupiter-Opposition hat jedoch die Tendenz, bei Ärger zu heftig zu reagieren. Doch es gibt auch noch die moralische Seite – bei Mars/Jupiter-Verbindungen kann Ärger oder Wut mit starken Schuldgefühlen einhergehen.

Zuhörer: John McEnroe hat eine Mars/Jupiter-Opposition.

Erin: Tatsächlich? Wie passend! Ich wüßte gerne, ob er manchmal nachts wachliegt und sich damit abquält, welches Theater er auf dem Platz veranstaltet hat! Ich hoffe, er selbst findet sich unterhaltsam. Es wäre schrecklich, wenn er sich Schuldgefühle wegen seines Verhaltens machen würde, nur weil kein anderer so ist.

Zuhörer: Ich sah ihn in einem Fernseh-Interview. Er zeigte keinerlei Bedauern über sein Image oder sein Verhalten und empfand seinen Ärger über die Schiedsrichter und die gesellschaftlichen Restriktionen, die in der Welt des Tennis herrschen, als völlig gerechtfertigt.

Erin: Ich frage mich, ob er sich windet und sagt: »Oh mein Gott, bin das wirklich ich!« Hier fehlt die Kontrolle – das ist die

Mars/Jupiter-Opposition. Vielleicht sollte er einen dieser Workshops besuchen, von denen Sie erzählt haben. Vielleicht sollten Sie sich die Mühe machen, ihm in einem Brief mitzuteilen: »Sie verhalten sich so auf Grund Ihrer Mars/Jupiter-Opposition. Sie sollten Ihren Jupiter auf jemand anderen projizieren und zivilisierter werden.« Hier haben wir es wieder – ich bin sicher, dass sich ein Großteil seiner Wut gegen seine mangelnde Perfektion richtet, denn er strebt nach seiner persönlichen Bestleistung. Natürlich ist er kein Mannschaftsspieler. Jupiter-Menschen setzen wichtige gesellschaftliche Rituale für andere in Szene. Sie sind stark, überlebensgroß und bringen Dinge fertig, die andere Menschen unbewusst gerne tun würden, aber nicht können oder wollen. Dann können die anderen indirekt daran teilnehmen, wie Pentheus beim Bacchanal. Ich denke, jemand wie McEnroe lässt alle anderen gut aussehen. Das ist die andere Seite.

Zuhörer: Sind Sie der Meinung, dass Oppositionen eine Situation schaffen können, in der die Persönlichkeit ein kollektives Gefühl verkörpert und für die Allgemeinheit ausagiert?

Erin: Ja, eine Art »du bist es«-Syndrom! Im Fall von McEnroe und seiner Mars/Jupiter-Opposition setzt er sich in Szene und erlaubt dadurch den anderen, seine Wut mitzuerleben, ohne dafür bestraft zu werden. Dann heißt es: »Du bist als ekelhaft bekannt, und ich nicht. Also bringe ich dich dazu, dich entsprechend zu verhalten, und kann mich dann gut fühlen.« Das ist eine Projektion. Mit einer Opposition im Horoskop ist man nicht nur der Empfänger einer solchen Projektion, sondern überträgt sie vielleicht auch selbst.

Jupiter-Menschen können die Rollen anderer übernehmen. McEnroe ist ein gutes Beispiel. In seiner Nähe wirken alle anderen so sanft, höflich und zivilisiert. Doch persönlich fühlt er sich in seinem Verhalten gerechtfertigt, denn die Organisatoren und Schiedsrichter verlangen seine Bestrafung. Es ist, als würde man einen Paranoiden fragen, seit wann er paranoid sei, und der antwortet: »Seit sie begonnen haben, mich zu verfolgen.«

Jupiter und Saturn

Jupiter und Saturn sind Vater und Sohn. Derzeit stehen wir zwischen dem stationär-direktläufigen Jupiter und dem stationär-rückläufigen Saturn. Dies gibt eine Neuinszenierung der mythologischen Schlacht zwischen der alten Ordnung (Saturn) und der neuen Ordnung (Jupiter). *Der Kampf der Titanen* ist ein großartiger Filmklassiker, den man unter diesem Aspekt betrachten sollte. Die Wirkungsweisen dieser beiden Planeten sind von Natur aus gegensätzlich, können jedoch, wie in Hegels Philosophie, in der Psyche eines Menschen durch die Erkenntnis, dass es für die eigenen sozialen und moralischen Strukturen Zeiten der Veränderung gibt, schließlich zur Synthese kommen. Trigone und Sextile zwischen Jupiter und Saturn sind imstande, das alte, nicht mehr aktuelle Selbst regelmäßig abzuwerfen und einen Wechsel der Muster, Verhaltensweisen, Überzeugungen und Moralvorstellungen zuzulassen. Die harten Aspekte sind allerdings nicht so günstig. Ein Quadrat zwischen diesen beiden mächtigen Göttern schafft eine Menge innerer und äußerer Spannungen. Manchmal zeugen Quadrate davon, dass man das hierarchische Gesellschaftssytem bekämpfen muss, in das man hineingeboren wurde. Ich habe es in den Horoskopen einiger Menschen gefunden, die sich mit ihrer gesellschaftlichen »Klasse« auf typische Weise auseinandersetzen mussten.

Zum Beispiel war da ein junger Mann, außerordentlich intelligent, der während seiner ganzen Schulzeit ein Begabten-Stipendium erhalten hatte. Schließlich kam er mit Hilfe eines Stipendiums an die Oxford University und erbrachte auch dort außergewöhnlich gute Leistungen. Dann wurde er Alkoholiker und fiel anschließend in das Soziale-Wohnsiedlungs-Bewusstsein zurück, das über viele Generationen auf ihn vererbt worden war. Er empfand eine große Feindseligkeit gegenüber den »höheren Klassen« – dem großen formlosen Feind, zu dem er eine sehr persönliche innere Beziehung entwickelt hatte. Er bekämpfte nicht nur ein Klassensystem in seiner »kulturellen Psyche«, der Kampf wurde auch innerhalb seiner psychischen Hierarchie ausgetragen. Er konnte oder vielmehr wollte sich nicht über seinen Stand erheben, und die Schuldgefühle, weil er es weiter gebracht hatte als sein Vater, trugen zuletzt den Sieg davon, was sehr bedauerlich ist.

Zuhörer: Hätten Saturn und Jupiter in einer positiven Beziehung nicht von Natur aus die Fähigkeit, Systemveränderungen in der Gesellschaft und im Geschäftsleben zu erreichen?

Erin: Ich glaube, die beiden sind so ziemlich die besten Geschäftspartner, die man im Horoskop finden kann – im Verwaltungsrat bestimmen Saturn und Jupiter die Handlungsweise.

Und wenn Sie gut miteinander auskommen, ist Ihre Lebensinvestition gesichert. Sie müssen nicht immer in den Begriffen exakter Aspekte denken – Sie können sich davon lösen. Wenn Sie in einem Horoskop spezifische Aufgaben oder Herausforderungen definieren wollen, dann müssen Sie auf exakte Aspekte achten, doch wenn Sie nur die Elemente betrachten, erscheint Ihnen das Zusammenwirken vielleicht ganz positiv. Ich möchte das an einem willkürlichen Beispiel erläutern: Angenommen, Sie haben Jupiter in der Waage und Saturn im Schützen. Da hätten Sie eine recht harmonische Verbindung – diese Stellung gab es im Jahr 1957. Durch die Rezeption und weil Saturn in der Waage erhöht ist, besteht schon auf Grund der Harmonie zwischen den Elementen eine angeborene Fähigkeit, auf gesellschaftliche Veränderungen positiv und mit innerer Weisheit zu reagieren.

Ein exakter Aspekt richtet an beide Planeten die Aufforderung, etwas Bestimmtes in Szene zu setzen. Doch Sie können das auch anders betrachten, nämlich ob eine günstige Beziehung zwischen den Elementen besteht. Es gibt keine unaspektierten Planeten, wenn Sie an Halbsummen, Harmonics, zyklische Beziehungen usw. denken. Jupiter und Saturn können übereinkommen, in kontrollierter Expansion zusammenzuwirken – Jupiter hat dann Handlungsfreiheit, solange Saturn dazwischentreten und Einhalt gebieten kann, falls er übertreibt. Und Jupiter kann dem Widerstand Saturns einen Stoß versetzen, denn solange sie im Dialog sind, wird Saturn sich immer wieder fügen oder in den Hintergrund treten und die neue Gesellschaftsordnung zulassen.

Da Jupiter als der Initiator einer neuen Gesellschaftsordnung, neuen Mythologie und Theokratie gilt, und Saturn die idealistische veraltete Vergangenheit vertritt, haben Menschen mit starken Saturn/Jupiter-Aspekten ein natürliches Empfinden für die notwendige Aufeinanderfolge von herrschenden Systemen – die festgelegte gesellschaftliche und kulturelle Abfolge. Die durch die Gegensätze hervorgerufene Spannung macht diesen Aspekt psychisch so besonders belastend. Diese Menschen sind oft politisch aktiv. Das kann im diplomatischen Dienst sein, wo sie vermitteln müssen, oder in Bereichen, wo sie für die Belegschaft Sorge tragen, zur Unternehmensleitung gehören oder einer Gruppe vorstehen. Oft befassen sie sich mit Meinungsverschiedenheiten in zwischenmenschlichen Beziehungen, aber auch mit Öffentlichkeitsarbeit oder Ähnlichem.

Das ist ein wirklich pragmatischer Aspekt – eine gute, solide, praktische Verbindung. Quadrat oder Opposition können bedeuten, dass die sozialen Fähigkeiten eines Menschen untergraben wurden und sie ein schwaches Selbstwertgefühl haben, weil ihre persönliche Eigenart vom Status quo ausgelöscht wird. So können ihre schöpferischen Impulse verdrängt, unterdrückt oder sogar abgestorben sein. Es erfordert einen enormen Energieaufwand, um das verschüttete oder begrabene Gefühl ihrer persönlichen Kreativität zu reaktivieren, und es braucht viel Mut, ihre innere Weisheit zur Sprache zu bringen und die übernommenen Informationen bezüglich Kultur, Religion oder Familienethik in Frage zu stellen.

Manchmal fühlt man sich auch hin- und hergerissen. Selbst ein Großes Trigon zwischen Sonne, Jupiter und Saturn bedeutet, dass sowohl Jupiter als auch Saturn sich sehr langsam bewegen oder sogar stationär sind. Ein Sonnen-Trigon zu einem Planeten jenseits von Jupiter bedeutet, dass dieser Planet rückläufig ist. Das heißt, einer der Planeten wird direktläufig, wenn der andere gerade rückläufig wurde. Das führt schließlich zu einer Art Zerrissenheit. Ich kannte sogar jemanden mit diesem Aspekt.

Es besteht dann ein tiefes Verlangen, zu wachsen und zu expandieren, hinauszugehen und alles zu tun. Man glaubt wirklich, alles tun zu können, und in den allerzuversichtlichsten Augenblicken erreicht man wahrscheinlich auch alles. Dann kommt jedoch Saturn und sagt: »Wofür hältst du dich eigentlich? Was hast du denn zu bieten?« Das versetzt Jupiter einen Dämpfer und hemmt ihn, der unrealistischerweise glaubte, alles zu können. Irgendwo dazwischen liegt die Wahrheit.

Zuhörer: Würde man durch ein Sonne/Jupiter-Trigon innerhalb eines Großen Trigons mit Saturn motivierter oder zielgerichteter sein? Ich kenne jemanden, der 1948 mit diesem Aspekt geboren wurde.

Erin: Wie bereits erwähnt kenne auch ich so jemanden, und ich werde das sofort näher erläutern. Erstens: Das Große Trigon ist ein in sich geschlossenes System. Die Planeten-Energien laufen immer rundherum und halten einen internen Informations-Kreislauf aufrecht, der den Rest des Horoskops ausgrenzt. Von dem Großen Trigon geht eine Art Ächtung aus – es entzieht sich dem Dialog mit den übrigen Planeten oder deren Rückmeldung. Ist jedoch die Sonne beteiligt, dann handelt es sich um ein ganz spezielles Großes Dreieck. Ich nenne es das Große Sonnen-Trigon und in meinem Buch *Rückläufige Planeten*[18] steht die Geschichte von »Paul«, der genau diese Konfiguration hat, zu der Sie mich befragt haben.

Ist an einem Großen Trigon die Sonne beteiligt, dann ist immer ein Planet stationär-rückläufig und der andere stationär-direktläufig – innerhalb weniger Grade. Zum Beispiel bei einem Sonne/Jupiter-Trigon zwischen 4° und 6° ist Jupiter entweder stationär-direktläufig oder stationär-rückläufig und von ziemlich langsamer und schwerfälliger Art. Die Sonne steht im Brennpunkt und ihre Sekundärprogression gibt uns den genauen Zeitplan für Ereignisse und für die Entwicklung des großen Trigons.

Nun zum zweiten Teil Ihrer Frage, ob dieser Aspekt motivierter oder zielgerichteter macht: ja, in bestimmten Phasen. Der stationär-rückläufige Planet zeigt an, was wir verinnerlichen und reifen lassen müssen, während der stationär-direktläufige Planet als Vermittler nach außen fungiert. Im Fall von Paul war Jupiter stationär-rückläufig und brachte »Lernschwierigkeiten«, oder eigentlich Kommunikationsprobleme, denn er befand sich im 3.

18 Erin Sullivan, *Rückläufige Planeten,* Astrodata, 1993, Pauls Geschichte Seite 121f. Den überraschendsten Fall eines Großen Sonnen-Trigons beschreibe ich im Beispiel von Martina, Seite 137ff.

Haus. Diese waren im Alter von vier Jahren teilweise überwunden, als Jupiter rückläufig wurde. Doch als Saturn im Alter von sechs Jahren stationär-direktläufig wurde, schaffte er einen großen Durchbruch – sein »Problem« löste sich, und er war ab sofort ein aufmerksamer Schüler und Student, der schließlich ein angesehener Lehrer wurde. Wie er sagte, hatte er das Gefühl, sich erst mit sechs Jahren wirklich »inkarniert« zu haben. Das passt doch perfekt zu dem Sonne/Saturn-Bild, nicht wahr? In der Folge kann man gemäß der Sonnenprogression in seinem Leben regelmäßige Durchbrüche und exakt eintreffende Veränderungen feststellen. Als er 24 Jahre alt war, bildete die Sonne in Progression ihr vorhersehbares Quadrat zu Saturn, und er promovierte und emigrierte nach England. Pauls wirklicher Name war Howard Sasportas. Ich weiß, dass es ihm nichts ausmacht, wenn ich Ihnen das sage.

Die Kombination dieser beiden Planeten kann sehr produktiv sein – gute Planung und Bewusstheit, das Erfassen von Inhalten und Zusammenhängen und der ganzen sozialen Problematik, wissen, was man tun kann und wann der richtige Zeitpunkt dafür gekommen ist, Grenzen anerkennen und und die Tatsache akzeptieren, dass wir alle sterblich sind. Es ist ein solider, produktiver Aspekt. Saturn folgt Jupiter, wo immer er ist – und das braucht Zeit. Vielleicht dauert es bis zur ersten Saturn-Wiederkehr oder noch länger, bis ein Mensch mit Saturn/Jupiter-Konjunktion und der dafür typischen ambivalenten Lebensweise emotional zur Reife kommt. Dieser Aspekt findet sich oft in den Horoskopen von Menschen, in deren Familie Fälle von Bipolarer Affektiver Psychose (die alte Bezeichnung lautete manisch-depressive Erkrankung) vorkommen.

Merkwürdigerweise habe ich einige Klienten, bei denen eine solche Bipolare Affektive Psychose diagnostiziert wurde und denen durch medikamentöse Behandlung sehr geholfen werden konnte. Bei einem hat die Mutter eine Jupiter/Saturn-Konjunktion, während der Sohn die heftigen, periodischen Schwankungen des Manisch-Depressiven erleidet. Er hat die Opposition. Familien agieren das Gruppen- oder Kollektiv-Schicksal aus, wobei bestimmte Mitglieder als Hauptpersonen im Mittelpunkt stehen. In der Dynastie des Atreus gab es viele Opfer, doch es war Orestes, der zum Umwandler der ganzen Verderbtheit wurde. In ihm konzentrierte und erfüllte sich alles. Wenn wir von Saturn weiter nach außen gehen, kommen wir an die wirklich schwerwiegenden Familienprobleme. Das sind Fäden, die unbewusst durch Generationen einer Familie verlaufen. Es besteht dann ein Jupiter/Saturn-Potential für ein Familien-Miasma. Die »Sünden der Väter« kommen über die Söhne und die der Mutter über die Töchter, oder das Schicksal erfüllt sich in irgendeiner anderen Form einer Eltern-Kind-Beziehung.

Auch ein Mensch, der keine so schwere Krankheit wie die Bipolare Affektive Störung erleidet, wird Zyklen manisch-depressiver Art in abgeschwächter Form erleben. Alles ist ganz wunderbar, doch dann lässt die Hochstimmung nach. Die Stimmungsschwankungen von Jupiter und Saturn bringen immer Hoffnung und Optimismus hervor, die dann jedes Mal gleich wieder zerstört werden. Jupiter-Saturn kann sich auch im Körper manifestieren, wobei der seelische Zustand körperlich auf psychosomatische Weise zum Ausdruck kommt.

Zuhörer: Was ist mit den Quadraten und mit den Quinkunx-Aspekten? Für mich klingt das Quinkunx wie ein karmischer Aspekt, wo Gott einen Weg zeigt, der jedoch mehr Anstrengungen erfordert, als der Mensch leisten kann.

Erin: Noch wahrscheinlicher ist, dass auf diesem Menschen eine lange Reihe dynastischer Machtkämpfe lastet. Es besteht sogar die Möglichkeit, dass das Ungleichgewicht eines solchen Jupiter/Saturn-Konflikts bereits auf die Vorfahren dieser Person zurückgeht. Man muss die Familiengeschichte zurückverfolgen, um zu sehen, wie man sich von dieser ererbten Blockierung freimachen kann (Jupiter), oder wie man den »Fluch« brechen kann, um es auf die althergebrachte Weise auszudrücken. Den Fluch, der auf einer Familie liegt, zu sühnen, ist unangenehm und mühsam – aber auch diese Drecksarbeit muss einer tun!

Immer wieder wird auch jemand geboren, der das für eine ganze Kultur tut – das sind die Jupiter-Menschen in der Welt des Saturn. Sie verkörpern einen Archetypus (oder sind von ihm besessen) und in dem Maße, in dem sie zum Sprachrohr der Allgemeinheit und zum Werkzeug eines kollektiven Übergangs werden, verlieren sie an persönlicher Macht. Einer dieser Jupiter-Menschen war der Amerikaner Lenny Bruce – ein Komiker der frühen 60er Jahre. Lenny Bruce sagte einmal: »Das einzig Gerechte in den Hallen der Justiz ist das Gebäude.« Er verbrachte viel Zeit vor Gericht, und Athene kannte keine Gnade mit ihm – er musste es also wissen!

Er war ungeheuer komisch, aber er war grob, obszön und entblößte die Schwachstellen der hyper-moralischen McCarthy-Ära in den U.S.A., als die Untersuchungen über un-amerikanische Aktivitäten stattfanden. Er wurde gejagt und zur Strecke gebracht, schikaniert, auf der Bühne während seines Auftritts verhaftet, wiederholt wegen Obszönität und Drogenbesitzes bestraft, und eigentlich hat ihn das System »umgebracht«. Er starb an einer Überdosis Heroin, doch das war eine Art Marilyn-Monroe-Syndrom. Er war seiner Zeit voraus, aber nicht viel. Er war ein Vorläufer des neuen Bewusstseins. In den 60er Jahren, nach seinem Tod, brachte die Uranus/Pluto-Konjunktion mit Saturn in Opposition eine große Anzahl von Menschen hervor, die das System veränderten. Lenny Bruce mit seinen Sex- und Toilettenwitzen verblasst im Vergleich zu den Teufeln, denen wir uns heute gegenübersehen.

Eine Jupiter/Saturn-Konjunktion gibt es alle 20 Jahre, und die Alten nannten diese Konfiguration den Königsaspekt. Den Zyklus des Fortschreitens der Großen Konjunktion von Saturn und Jupiter, meistens durch dasselbe Element, nannte man Mystisches Trigon. Jedesmal wird eine neue Gesellschaftsordnung eingeleitet, und wenn die Jupiter/Saturn-Konjunktion in das nächste Element weitergeht, zum Beispiel von Erde zu Luft, dann spricht man von der Präzession der Großen Konjunktion. Während der letzten 200 Jahre starb – außer Reagan – jeder amerikanische Präsident, der während einer Jupiter/Saturn-Konjunktion gewählt wurde, noch während seiner Amtszeit.

Zuhörer: Ist das, weil die Konjunktion sich von der Erde zur Luft weiterbewegte? Glauben Sie, dass in Vorbereitung auf das Wassermann-Zeitalter eine neue Gesellschaftsordnung eingeleitet wird?

Erin: Ja, das gehört zu den komplizierten Verflechtungen neuer Aspekte, neuer Zeichen und neuer Bilder und Symbole, wenn wir jetzt die Epoche des Zeichens Fische verlassen. Diese Jupiter/Saturn-Konjunktion fand allerdings in der Waage statt, und Reagan hat eine Wassermann-Sonne. (Die vorherige Konjunktion, unter der Kennedy gewählt wurde, befand sich im Steinbock, die nächste wird im Jahr 2000 auf den letzten Graden des Stiers eintreten und dann wieder eine im Jahr 2001 am Anfang des Zeichens Zwillinge. Es ist eine langsame Bewegung von der Erde zur Luft hin.) Es gab jedoch, wenn Sie sich erinnern, einen Attentatsversuch auf Reagan – er wurde dabei angeschossen, überlebte aber.

Nancy Reagan beriet sich zu gewissen Zeiten während seiner Regierung täglich mit ihrer Astrologin Joan Quigley, und sie war in diesen Dingen sehr genau. Was immer man von diesen Medienleuten halten mag, Joan Quigley bewahrte auf würdige und professionelle Weise Stillschweigen über diese Dinge, bis sie von den Reagans hintergangen wurde. Erst da enthüllte sie, welche Rolle sie in deren Leben gespielt hatte. Dies ist ein wirklich gutes gesellschaftsbezogenes Beispiel dafür, wie ein Aspekt seine historischen Auswirkungen verändert.

Jupiter und die äußeren Planeten

Jenseits von Saturn, im Umgang mit Uranus, Neptun und Pluto, wirkt Jupiter eher als Förderer transformativer mentaler Erfahrungen. Er tritt weniger physisch oder weltlich in Erscheinung, sondern hat eher eine psychodynamische Funktion. Wenn Jupiter die saturnischen Ringe des sozialen, physischen und sichtbaren Bereichs überspringt, wandelt sich seine Rolle ein wenig – er wird mehr zu einem Mittler für transzendentale Veränderung und Erfahrung. Im trans-saturnischen Bereich ist Jupiter »schneller«; die Wirkungsweise seiner höheren Funktionen ist – im Guten wie im Schlechten – offensichtlicher. Jupiter bildet nun die Brücke zwischen der physischen Begrenztheit Saturns und dem höheren Äther – vor allem bei seinem ersten Kontakt mit Uranus, seinem mythologischen Großvater. Ähnlich wie die Menschen zu ihren Großeltern gewöhnlich ein ungetrübteres Verhältnis haben als zu ihren Eltern, scheint es auch bei den Göttern zu sein!

Jupiter und Uranus

Jupiter und Uranus haben eine ganz besondere Beziehung. Uranus war die höhere Luft, der Äther jenseits der Stratosphäre, und er hatte keinerlei Verbindung zu den menschlichen Angelegenheiten. Seine Nachkommenschaft endete eigentlich mit den Titanen und den Hekatoncheiren. Nach der Trennung von Gaia blieb er für immer in den hohen Gefilden der Ideale und der Vorstellungen, und ist daher unser spirituelles und psychologisches Symbol für den höchsten Bereich vervollkommneter Phantasie. Dabei ist er eher Beobachter als Teilnehmer. Zeus hingegen hatte seinen Wohnsitz im Himmel und im Olymp, so dass er die irdischen Aktivitäten und Interaktionen der Götter in seinem Bereich überblicken konnte. Erinnern Sie sich, worüber heute gesprochen wurde. Jupiter mischte sich eigentlich nie in die Angelegenheiten der Menschen ein, vereinigte jedoch viele intellektuelle und mentale Eigenschaften in sich. Wir können sehen, wie der astrologische Jupiter in Verbindung mit Uranus den Ausgleich zwischen Inspiration, Phantasie und Beweisführung erleichtert und zwischen der Reaktion des Menschen auf den gesellschaftlichen *Zeitgeist* und seinem Bedürfnis nach persönlicher Identität innerhalb dieses Kontextes vermittelt.

Ein Jupiter/Uranus-Quadrat bedeutet nicht unbedingt, dass der betreffende Mensch mit der gängigen Weltanschauung oder der Gesellschaft uneins ist, sondern es bedeutet, dass etwas von außen auf ihn zukommt, das ihn so erschüttert, dass er eine Art Erwachen oder Bewusstwerden erlebt. Wir befinden uns in einer Phase, in der Jupiter alle Aspekte bestimmt – mit anderen Worten, es ist Jupiters Bewegung, die mit Uranus, Neptun und Pluto Verbindung aufnimmt. Das heißt, die Dauer dieser Aspekte entspricht der Dauer des Jupiter-Transits.

Konjunktionen zwischen Jupiter und Uranus treten etwa alle 14 Jahre auf und sind an sich keine generationsbezogenen Aspekte. Sie stellen jedoch ein deutliches Charakteristikum innerhalb der Leitgedanken einer Generation dar. Jupiter bewegt sich in einem Monat etwa um 4° weiter (höchstens 6° – bei einer Konjunktion mit der Sonne, und 0° – wenn er stationär-rückläufig wird, was in jedem Jahr vier Monate lang der Fall ist). Es wird daher innerhalb einer Generation nur eine kleine Anzahl von Menschen mit Jupiter/Uranus-Konjunktion geben, die die Prägung eines Uranus-Zeichens trägt. Daher können wir eigentlich nicht von einem Generations-Aspekt sprechen, aber er verstärkt die Charakteristik des jeweiligen Uranus-Typus. Uranus hält sich sieben Jahre lang in einem Zeichen auf. Und im Laufe dieser sieben Jahre wird Jupiter die Hälfte des Zodiaks (genauer: sieben Zeichen) zurücklegen. Man könnte es vielleicht so sehen: In welchem Zeichen sich Uranus auch befinden mag, er wird während dieser Zeit verschiedene Aspekte zu Jupiter in anderen Zeichen bilden.

Wenn Sie also Jupiter/Uranus-Aspekte betrachten, versuchen Sie zu berücksichtigen, welchen persönlichen Nutzen der betreffende Mensch aus der ewigen Weisheit ziehen kann, die sehr uranisch ist – die Weisheit der Zeit. Werden er selbst und andere davon profitieren? Es kann sich dabei um eine humanitäre Verbindung handeln, kann aber auch im höchsten Grade egoistisch sein. Dieser Aspekt kann ziemlich exzentrisch sein und seine humanitären Neigungen, das Bedürfnis zu helfen und zu dienen, mit dem Universum eins zu sein, mit der Gemeinschaft zurechtzukommen und sich mit ihr zu identifizieren, auf sehr merkwürdige Weise ausdrücken.

Weil dieser Aspekt gruppen- und klassenorientiert ist, kann seine Schattenfunktion fremdenfeindlich sein, wenn es sich um eine Opposition oder um ein Quadrat handelt. Die beiden beraten über eine allgemeine Ausdrucksform, welche die eigenen Vorstellungen und die daraus folgende Lebensanschauung widerspiegelt. Die betreffende Person sucht nun eine religiöse Gruppe, eine Studiengemeinschaft oder etwas Ähnliches, das ihren inneren Maßstäben entspricht – im Gegensatz zur Übereinstimmung mit äußeren Einflüssen. Wird man in eine bestimmte Religion hineingeboren – Katholizismus, Islam oder was auch immer – dann muss man sich dieser anpassen. Einige Menschen brechen jedoch aus. Bei Jupiter/Uranus-Typen ist die Wahrscheinlichkeit groß, dass sie sich von den konventionellen oder familiären Glaubensformen befreien und eine neue religiöse Ausdrucksform oder ein neues Glaubenssystem suchen, oder auch einen Ort, an dem sie Gott auf ihre ganz persönliche Weise verehren können.

Uranus mit seiner kurzen Tradition (gemessen an der etablierten Planetengruppe diesseits von Saturn) wird als transpersonaler Planet bezeichnet. Das trifft nur zum Teil zu. Die äußeren Planeten sind zutiefst persönlich, indem sie uns zwingen, unbewusste Aspekte anzunehmen und bewusst zu machen. Besonders in der Mitte unseres Lebens wird Uranus ein persönlicher Planet, ob uns das nun gefällt oder nicht, und von der Uranus-Opposition an sind wir gezwungen, unsere Individuation schneller voranzutreiben, um unser wahres Wesen zu erkennen. Ich glaube nicht, dass Jupiter/Uranus-Menschen persönliche Probleme schneller lösen; sind sie jedoch gezwungen, Veränderungen vorzunehmen, dann machen sie es sorgfältiger und gründlicher. Sie scheinen nach spirituellen Gruppen oder intellektuellen Gemeinschaften zu suchen, die sie im Vorantreiben ihrer Entwicklung bestärken. Man mag sie für sehr unabhängig halten, aber sowohl das 9. als auch das 11. Haus haben mit Gruppen- oder Gemeinschaftsgefühl und kollektiven Überzeugungen innerhalb eines gesellschaftlichen Kontextes zu tun. In spiritueller Hinsicht ist Jupiter-Uranus jedoch radikal. Unabhängigkeit und Individualismus werden am allgemeinen Standard gemessen – nur im Gruppenkontext können wir uns als Individualisten sehen!

Zuhörer: Was ist mit der Jupiter/Uranus-Konjunktion im Krebs, die im Jahr 1955 ein Quadrat zu Neptun bildete? Damals hatte es Jupiter mit zwei äußeren Planeten zu tun, die unterschiedliche Aussagen machten.

Erin: Das brachte einige sehr konfliktbeladene Menschen hervor. Dieser Aspekt verlangt nach Trennung und Individuation, während er gleichzeitig auffordert, auf eine Weise mit der Gemeinschaft zu verschmelzen, die zur Auflösung des eigenen Ich führt. Die Jupiter/Uranus-Konjunktion sagt: »Ich werde eine eigenständige Persönlichkeit sein, ich finde meinen eigenen Weg.« Doch das Neptun-Quadrat verlockt dazu, zu verschwinden oder sich auf spiritueller Ebene mit kollektiven Fragen zu beschäftigen. Es wäre daher gut, sich Aktivitäten zuzuwenden, die einen großen Nutzen für die Allgemeinheit haben – zum Beispiel, dass man hinausgeht und Gutes für die Menschen tut, etwa im Rettungsdienst, durch die Speisung von Hungrigen, die Arbeit mit AIDS-Kranken, die Beschäftigung mit kollektiven Problemen. Diese Menschen können auch sehr objektive Berater oder Ratgeber sein – sie sind nicht ausgesprochen mitfühlend, wenn sie nicht gerade ein wasserbetontes Horoskop haben, doch sie sind zweifellos scharfsichtig und klar.

Jupiter und Uranus gemeinsam, und durch ein Quadrat mit Neptun verbunden, könnten eigentlich für eine höchst aufgeklärte Lebensweise und ein gesellschaftlich aktives Leben sorgen. Diese Konstellation brachte zudem eine sehr gute Astrologie hervor, denn Mitte der 50er Jahre begann ein allgemeiner Stimmungswechsel. Natürlich war man damals schrecklich konservativ, aber im Laufe der Zeit ergaben sich radikale Veränderungen im spirituellen und religiösen Ausdruck und in den politischen Maßnahmen. Erinnern Sie sich, wie wir am Anfang darüber sprachen, dass »die radikalen Ansichten von heute der Status quo von morgen« sind? Genau das geschah allmählich.

Es kam auf unserem Planeten zu einer vorhersehbaren Reaktion in der Gesellschaft. Man versuchte, alle Probleme auszubügeln und zu glätten, als hätte die Allgemeinheit Angst davor, was diese Jupiter/Uranus-Konjunktion im Krebs mit ihrem Neptun-Quadrat in der Waage alles anstellen könnte. Jeder prüfte den Sitz seiner Krawatte, zog seine Socken hoch und wurde ultra-konservativ, in der Hoffnung, das würde helfen. Doch die unter diesem Aspekt geborenen Menschen waren die »Schwachstellen« dieser sozialen Struktur, deren völlige Auflösung dann 1966 bei der Uranus/Pluto-Konjunktion in Opposition zu Saturn kam.

Die nächste Jupiter/Uranus-Konjunktion fand im Jahr 1969 statt, und zwar beim Zeichenwechsel Jungfrau-Waage, und die ersten Menschen auf dem Mond markierten einen Quantensprung im Bereich Reisen und Kommunikation. Dann folgte 1983 die Jupiter/Uranus-Konjunktion Anfang Schütze. Die frühen 80er Jahre waren außergewöhnlich expansiv, eine Reaktion auf die 70er Jahre, die man getrost vergessen kann. Wissen Sie, dass es während der ganzen 70er Jahre keine wichtige Konjunktion gab? Nichts Neues begann! Eine Jupiter/Uranus-Konjunktion bringt die Gesellschaft und deren Überzeugungen und Regelsystem auf einen neuen Stand. Kommunikation, globale Vernetzung – die anonymen Computer wurden schließlich »PC's« (Personal Computer). Immer mehr Menschen eigneten sich entsprechende Fachkenntnisse an und hatten Computer zu Hause. Man setzte große Hoffnung auf die Zukunft der wirtschaftlichen und politischen Entwicklung.

War nicht »Netzwerk« – wie passend für Jupiter-Uranus – das Schlagwort der 80er Jahre? Ich denke, der Schlüssel zu allen Aspekten liegt in der Natur ihrer Konjunktionen. Rudhyar hat als Erster den psychologischen Ablauf von Aspektverbindungen erschlossen, und in der Konjunktion liegt der Keim der geheimen Botschaft der beiden betroffenen Planeten über die stufenweise Entwicklung ihrer Beziehungen.

Menschen mit Jupiter/Uranus-Verbindungen (gleich welcher Art) müssen auf ihre Energie achten, denn sie könnte ungenutzt verpuffen. Das trifft übrigens auch auf Jupiter-Neptun zu. Mit Jupiter und Neptun kann man schwer zwischen den eigenen Bedürfnissen und denen der anderen unterscheiden, und da besteht meiner Ansicht nach die Gefahr, sich selbst zu verlieren und sich allzu sehr für die Bedürfnisse der Gemeinschaft einzusetzen. Deshalb machen zur Zeit die Menschen mit dem Quadrat zwischen Jupiter-Uranus im Krebs und Neptun in der Waage auf Grund des Transits von Uranus-Neptun in Opposition zu ihrem Geburts-Uranus eine so tiefgreifende Midlife-Erfahrung. Während der nächsten Jahre werden sie mit der Auflösung der Gesellschaft sowie ihrer eigenen, damit einhergehenden Desillusionierung fertig werden müssen.

Durch die in sich widersprüchliche Uranus/Neptun-Konjunktion müssen sie lernen, als Individuen zu überleben, ohne dass ihre Integrität, ihr Ego oder ihr Beruf Schaden nimmt. Die Verwirrtheit einer Uranus/Neptun-Konjunktion könnte man sich folgendermaßen vorstellen: Man hat starke Schlaftabletten eingenommen und dann klingelt ununterbrochen der Wecker. Wenn wir diesen Aspekt hinter uns haben, Pluto in den Schützen und Uranus in den Wassermann eintritt, wird es interessant sein festzustellen, was von Orthodoxie und Konvention noch übrig geblieben ist. Pluto im Schützen wird heilige Kriege bringen. Wir werden darüber sprechen, wenn wir zu Jupiter und Pluto kommen.

Jupiter-Uranus drückt sich klarer aus, weil hier die Fähigkeit besteht, das eigene Verhalten emotionslos zu betrachten. Uranus ist der innere Zeuge. Im Horoskop bestimmt Uranus den Bereich in uns, der beobachtet, wie wir uns am Leben in unserer Welt beteiligen. Wir sind vielleicht erstaunt über unser Verhalten und manchmal entsetzt über das, was wir tun.«Warum mache ich so etwas, wenn ich es doch besser weiß?« Sicher führen auch Sie gelegentlich – etwa bei einer Anwandlung von Ärger oder Wut – innere Selbstgespräche und sagen sich: »Das ist doch nicht nötig. Warum benehme ich mich so?« Sie wissen dann, dass Ihr Verhalten, gemessen an Ihren Möglichkeiten, eigentlich »unter Ihrem Niveau« ist, doch hier erweisen Sie sich wieder als sehr menschlich. Geborene mit starken Jupiter/Uranus-Aspekten haben weitreichende, hochfliegende Ziele – sie möchten große Dinge vollbringen, für sich selbst, für andere, für ihre Zeitgenossen und für die Gesellschaft der Zukunft, die sie oft vorhersehen, während sie gleichzeitig ihrer eigenen Mängel bewusst sind.

Es ist jedoch problematisch, wenn man seine ganze Energie für die Allgemeinheit einsetzt, denn dann endet man als eine leere Hülle und hat schließlich nichts mehr zu geben. Ich verwechsle hier nicht Uranus mit Neptun, denn da besteht ein riesiger Unterschied. Man kann jedoch statt zu einem Sprachrohr der Allgemeinheit auch zu deren Opfer werden, wenn persönliche oder gesellschaftliche Planeten mit Uranus, Neptun oder Pluto in Verbindung stehen. Man muss Entscheidungen treffen, und manchmal werden einem diese auch von den Umständen aufgezwungen, denn die äußeren Planeten bestimmen einfach über uns, wenn wir nicht harmonisch mit ihnen zusammenarbeiten. Wir müssen sie uns nicht zunutze machen, doch *sie* werden uns bestimmt in irgendeiner Phase unseres Lebens benutzen. Jupiter und Uranus suchen nach einem Weg, um den Idealismus des höheren Äthers in den Bereich der gewöhnlichen Sterblichen zu bringen – mit anderen Worten, sie möchten die Verbindung zwischen dem, was sie für wahrhaft einzigartig halten, und der Unterstützung, die sie von Gesellschaft, Gruppe und Familie erfahren, verbessern.

Aber man muss auch die Gelegenheit haben, um die Freiheit des Bewusstseins, die Uranus, Neptun und Pluto bieten, zu nutzen. Sehen wir den Tatsachen ins Auge: Mehr als Dreiviertel der Menschheit hat nicht die Möglichkeit, in Workshops herumzusitzen und über ihren Seelenzustand zu philosophieren. Die Folge ist, dass kollektive Erfahrungen uns persönlich beeinträchtigen können, sobald wir diesen Bereich betreten und das Tor der Wahrnehmung in die Welt der Individuation und spirituellen Transformation geöffnet haben. Sind die Menschen in den ehemaligen Ostblockstaaten sowie in Bosnien, Äthiopien, Israel und dem ganzen Mittleren Osten – also einem Großteil der Welt – in der Lage, den Prozess, in den sie verwickelt sind, individuell zu gestalten? Sie sind Opfer eines globalen Aspektes.

Wir, die heute hier sind, sind höchst privilegierte Menschen, die eine Wahl treffen können, was den meisten Menschen nicht möglich ist. Und einiges, was wir hier sagen, hat für den Großteil der Welt keinen praktischen Wert und ist im Kontext der tatsächlichen Ereignisse faktisch nicht in die Tat umzusetzen. Es wäre sehr hart für mich, mit einer Frau, deren Wohnung in Bosnien ausgebombt wurde und die wissen möchte, ob und wann sie ihre Kinder wiedersehen wird, eine psychologische Sitzung abzuhalten. Ich würde das sehr schwierig finden. Ich glaube nicht, dass man einfach über spirituelle Entwicklung und den Prozess der Individuation sprechen kann, ohne die eigene Uranus-Position im Jupiter-Bereich der Weltpolitik zu bezeugen.

Wir hier in diesem Raum erleben diese Jupiter-Greuel nicht persönlich oder in unserer Gesellschaft. Dennoch sind wir daran beteiligt, und sie geschehen auch uns. Weder unser Gewissen noch unser Bewusstsein sind frei davon – wir erleben sie durch das kollektive Unterbewusstsein. Dass wir die Fähigkeit und die Möglichkeit zum Nachdenken haben sowie die Zeit, um über die Mysterien des Lebens nachzusinnen, macht uns auch verantwortlich. Wir müssen unser Wissen als eine Möglichkeit sehen und etwas daraus machen. Dann funktioniert es. Dann stehen wir mit diesen Planeten in persönlicher Verbindung.

Kollektive Konfigurationen wie Uranus/Neptun-Konjunktionen und Saturn/Pluto-Quadrate beeinflussen uns zwar persönlich, aber die globale Wirkung ist stärker. Und wir sind ein Teil davon – das Individuum ist für die Allgemeinheit mit verantwortlich. Wir erleben globale Aspekte auf persönliche Weise, weil wir auch zur Welt gehören. Zwar werden wir in Europa und in Amerika nicht von fremden Despoten überrannt (vielleicht aber von inneren Faktoren beherrscht), dennoch besteht eine Verbindung zu den äußeren Planeten. Auch wenn wir nicht bombardiert werden, Großangriffen ausgesetzt sind oder hungern, sind wir doch innerlich mit den Menschen, denen dies geschieht, eng verbunden. Tatsächlich kann der Feind sogar noch näher sein – in uns selbst oder einfach in unserer Gesellschaft.

So wie sich die Planeten am Himmel gruppieren, berühren sie uns auch persönlich in unserem Inneren. Jupiter bietet Uranus die Gelegenheit, durch radikale Veränderungen oder subversive Taktiken auf den Status quo einzuwirken. Sie haben die Wahl. Transpersonale Verbindungen zu Jupiter stärken eher die Individualität, als dass sie sie vermindern. Durch sie sind wir individueller, daher sind sie auch persönliche Planeten. Wir sprechen über Umwälzungen durch Jupiter-Uranus, aber es gibt eine Menge Leute mit Jupiter/Uranus-Verbindungen, die keine Revolutionäre sind, sondern eher die Opfer einer Revolution. Ihnen wird durch persönliche Erfahrung ganz klar bewusst, dass ihre eigene Gesellschaftsordnung mit der neuen Lebensweise sehr eng verknüpft ist. Jupiter/Uranus-Menschen sind Führer und Spitzenreiter.

Steht ein Jupiter/Uranus-Aspekt mit Sonne, Mond, Merkur oder Venus in Verbindung, dann bildet diese Konfiguration den Weg, auf dem unsere persönlichen Überzeugungen zum Ausdruck kommen können. Stehen Jupiter und Uranus im Quadrat oder in Opposition zueinander, dann geraten wir immer wieder mit der Obrigkeit aneinander, oder mit Menschen, die »höher« stehen als wir, was uns irritiert und ängstigt. Leider gehört das zum Pfad – die Hindernisse auf dem Weg zum inneren Selbst haben beinahe immer mit der Gesellschaft und ihrer Hierarchie zu tun, und weil Jupiter im Mythos das Weibliche unterdrückt und zerstört hat, findet der Kampf gewöhnlich im Bereich der Ideen statt. Gefühle nützen auf diesem Schauplatz nicht viel, und ein empfindsamer Mensch mit einem revolutionären Aspekt kann tief verletzt werden, wenn er sich seinen Überzeugungen stellen muss.

Jupiter/Uranus-Trigone sind sehr produktiv und bringen neue und originelle Ideen unter die Leute. Sie können sogar Schulen des Denkens hervorbringen – natürlich nicht immer im wörtlichen Sinne, sonst würde es Millionen davon geben. Vielleicht gibt es tatsächlich Millionen von ihnen, doch ich kenne sie nicht alle! Menschen mit einem auffallend platzierten Trigon, besonders in Verbindung mit persönlichen Planeten, werden Gelegenheit haben, ihre Weltanschauung ziemlich weit zu verbreiten. Das macht es notwendig, sich von der breiten Masse abzuheben und als Persönlichkeit möglichst stark zu sein, um von der Gemeinschaft oder Gruppe nicht so leicht überrollt zu werden. Jupiter und Uranus haben eine denkende Funktion, und mit einem Trigon denken sie schöpferisch und klar. Es ist ein Anflug von Dogmatik damit verbunden, jedoch geprägt durch die Persönlichkeit des Menschen, der sie verkündet.

Das Quadrat ist ein »Bombenwerfer« – entweder man wird bombardiert oder man wirft selbst eine Bombe. Der Grund liegt in der Familienstruktur oder in Unstimmigkeiten mit der gesellschaftlichen Norm – oder in beidem. Irgendjemand aus der Reihe der Vorfahren war ein Revolutionär, und der Jupiter/Uranus-Mensch nimmt den losen Faden wieder auf. Er kann genauso gut von Gesetzgebern wie von Rechtsbrechern abstammen. Außerdem meinen diese Menschen, ständig ihre Überzeugungen verteidigen zu müssen; teils weil ihr tieferes Selbst den Konflikt braucht, um den eigenen Moral- und Glaubenskodex zu verfeinern, teils weil es ihr Schicksal ist, in der Gruppe ihre Unabhängigkeit in Gefahr zu sehen.

Jupiter, Neptun, Pluto und alles andere

Zuhörer: Zu einem bestimmten Zeitpunkt befand sich Jupiter in engem Kontakt mit Uranus, Neptun, Pluto und Saturn!

Erin: Ja, ich erinnere mich gut daran, das war 1964/65. Viele Leute wissen das nicht mehr. Werfen wir einen Blick in die Ephemeriden: Juni 1965 und dann wieder im Februar 1966. Es handelt sich also um eine Transitwirkung von etwa einem Jahr. Dies ist eine Menge Zeit, um Wurzeln zu schlagen. Wir hatten ein Quadrat zwischen Jupiter in den Zwillingen und Saturn in den Fischen, wobei letzterer noch in Opposition zu Uranus-Pluto in der Jungfrau stand. Neptun war auch daran beteiligt, durch sein Sextil zu Uranus-Pluto und sein Trigon zu Saturn. Was für eine Zeit! Wir wollen das Ganze aufschlüsseln und uns dabei vor allem auf Jupiter konzentrieren. Schließlich ist es sein Tag, und wir wollen doch nicht seinen Blitzschlägen zum Opfer fallen.

Jupiter ist der Konzentrationspunkt des T-Quadrates. Was heißt das? Er steigert und verstärkt den Kampf zwischen einer mächtigen, nuklearen Kraft und dem Widerstand leistenden Status quo. Saturn (die alte Ordnung) steht in Opposition zu der neuen, jungen Uranus/Pluto-Revolution. Umgekehrt zerstört der neue, revolutionäre Aspekt den Status quo. Die Tatsache, dass dies durch das Trigon bzw. Sextil zu Neptun unterstützt wird, deutet auf den Einfluss dieses Aspektes auf die Psyche aller damals lebenden Menschen. Es war ein Aspekt, der alle Ebenen durchdrang, absolut alle – von der zutiefst irdischen bis zur allerhöchsten. Und tatsächlich wird das von der Geschichte auch bestätigt.

Wir alle sind lebende Schlagzeilen des Augenblicks unserer Geburt und verkörpern so den Geist der Welt, *spiritus mundi*. Das heißt, er muss reifen und bewusst gemacht werden. Die wichtigsten Konfigurationen zur Zeit unserer Geburt bedeuten, dass wir an der Aufbereitung, Klärung und Individualisierung dieser Themen besonders intensiv arbeiten müssen, um unseren Platz in einer sich verändernden Welt zu finden. Das gilt vor allem für die herausfordernden Aspekte, die das Ende einer alten Ordnung implizieren.

Zuhörer: Sind Sie der Meinung, dass sich die ganze Kraft der Aspekte des heutigen Tages erst im Laufe der Entwicklung der Menschen, die heute geboren werden, manifestieren wird?

Erin: Ja, das glaube ich. Selbst der heutige Aspekt, der jetzt am Himmel steht und äußerst wirksam ist, entwickelt sich im Laufe der Zeit weiter – durch seine Manifestation in Form von Ereignissen und Umständen, welche die Gemeinschaft oder einzelne

Menschen betreffen, die in diesem Moment geboren werden. Menschen, die zur Zeit der Saturn/Pluto-Konjunktion Ende der 40er Jahre geboren wurden, erleben nun das Quadrat Saturn (Wassermann) und Pluto (Skorpion) zu dieser Konjunktion aus den Jahren 1946-48. Die Saturn/Pluto-Prägung dieser Generation, verbunden mit dem Sextil zu Neptun, kennzeichnete die Geburt des Atom-Zeitalters. Dieses ist inzwischen zur vollen Reife gelangt, und nun leben wir nicht mehr so sehr unter der Gefahr eines nuklearen Krieges, sondern sind eher von der Zerstörung des Planeten bedroht, dazu kommt eine Erschöpfung der Bodenschätze und der Zerfall alter Sitten und Gebräuche.

Menschen, die mit diesem nuklearen Aspekt der Saturn/Pluto-Konjunktion geboren wurden, sind sich dessen ganz klar bewusst. Das gilt auch für die nachfolgenden Generationen. Das Merkwürdigste daran ist, dass so viele aus dieser Generation zu vergessen scheinen, dass sie an diesem ökologischen und gesellschaftlichen Zusammenbruch beteiligt waren und mitgewirkt haben. Und in der Tat ist es diese Generation, die gegen die atomaren Sprengköpfe demonstriert hat, die auch unsere heutige Situation zu verantworten hat.

Jeder da draußen, den wir für »unseresgleichen« halten – im Gegensatz zu »den anderen« – gehört im Allgemeinen zu unserer Altersklasse. Das heißt, wir müssen auf allen Ebenen und mit äußerster ethischer und moralischer Großzügigkeit prüfen, worin unsere Reichtümer bestehen – als Volk, als Gemeinschaft und als Individuum. Bei Saturn und Pluto geht es darum, wie wir die Ebene unserer persönlichen Ressourcen erreichen können, ob es sich nun um Zeit, Liebe oder Geld handelt. Zweifellos sind die Bodenschätze unserer Erde heutzutage bedroht und damit ein Problem. Denken wir nur an Dinge wie fossile Brennstoffe. Das passt zu Saturn-Pluto, nicht wahr? Fossile Brennstoffe sind uralte Relikte aus der Frühzeit, die in der Erde verborgen liegen und uns die Wärme und Hilfe geben, die wir brauchen. Saturn-Pluto vermittelt uns die Vorstellung, durch Graben und Schürfen Bodenschätze aus dem Schoß der Erde hervorzuholen, wo diese organischen Materialien im Verborgenen genährt und gepflegt wurden – wo Dinosaurier zu Teergruben und Ölfeldern wurden!

Auf den unterirdischen Ebenen geht immer etwas vor, das wir nicht ganz verstehen. Auch unsere persönlichen unterirdischen »Minen« enthalten Schätze, die noch zu heben sind und die reifen müssen, bis sie auf der bewussten Ebene von Nutzen sind. Möglicherweise bringt uns das gegenwärtige Saturn/Pluto-Quadrat in Verbindung mit der verwirrenden Uranus/Neptun-Konjunktion im Schützen immer näher und näher an die Zerreißgrenze. Wie ich jedoch sagte, ist die Separation des Uranus von Neptun ein Zeichen dafür, dass der Nebel sich lichtet. Wenn Uranus in den Wassermann eintritt, Pluto in den Schützen und dann Neptun ebenfalls in den Wassermann, werden wir das geschichtliche Ergebnis sehen und noch einmal eine Rekonstruktion für die Zukunft beginnen. Zuerst muss aber das Gleichgewicht hergestellt werden, und ich würde sagen, dass damit irgendwann nach dem 5. Januar 1991 angefangen werden kann.

Mitte Februar 1997 ist ein anderer wichtiger Termin, wenn es zu einer Verkettung von Aspekten auf 5° von Feuer- und Luftzeichen kommt. Eine erstaunliche Konfiguration zwischen Pluto (5° Schütze) im Trigon zu Saturn (5° Widder), auf der Halbsumme dieser beiden. Dazu kommen Jupiter und Uranus (5° Wassermann) und der rückläufige Mars (5° Waage). Da wir uns jetzt in einer Phase der Erd- und Wasser-Konfigurationen befinden, ist alles mühsam und schwierig, und es geht um tiefgründige Fragen von Sicherheit und Gefühl – wogegen wir nach dem Wechsel zu Feuer und Luft die allgemeinen sittlichen Grundsätze auf eine andere Ebene bringen werden. Diese Zeiten zu durchleben braucht viel Energie – wir werden die wichtigsten Konfigurationen gegen Ende des Tages noch näher besprechen.

Zuhörer: Noch eine Frage über die Auswirkungen der Uranus/Neptun-Konjunktion...

Erin: Das ist es, was jetzt geschieht. Es ist der Tod der Illusion, das Erkennen, wie bedeutsam die Fähigkeit des Menschen ist, gegen die allgemeinen Probleme jetzt etwas zu tun. Es ist nicht länger ein abgehobenes, phantastisches Konzept, wird jedoch noch einige Zeit dauern. Um mit derart massiven Konfigurationen (dem Zusammenwirken von Uranus, Neptun und Pluto in Verbindung mit persönlichen Planeten des Horoskops) fertig zu werden, braucht man Zeit. Pluto ist der äußerste Planet des Sonnensystems, und infolge seiner Stellung in diesem Ordnungssystem ist er der letzte Planet in unserer Entwicklung. Und das ist wahrscheinlich gut so, denn wenn wir alle im Alter von zehn Jahren von Pluto eine Machtbefugnis erhalten hätten, wäre es wie in *Der Herr der Fliegen* von William Golding. Man braucht Mäßigkeit und Selbstbeherrschung, und in einem bestimmten Alter kann unser Köper nicht sehr viel vertragen, also arbeitet das Denken intensiver oder unsere Seele beginnt, ihre Tätigkeit zu verstärken. Man entwickelt sich zu Pluto hin. Zuerst kommt man zu Saturn, und alles ist in Ordnung. Dann, nach der Uranus-Opposition, kommt man zu Neptun und anschließend zu Pluto – wenn die Zeit und das Bewusstsein es erlauben. Und tatsächlich kann ein Mensch Pluto erst erreichen, wenn er die 45 um einiges überschritten hat und in den 50ern ist.

Zuhörer: Bringt das Quadrat von Pluto zum Geburts-Pluto dieses Bewusstsein mit sich?

Erin: Nicht immer. Jene, die ab 1930 bis etwa 1958/59 geboren wurden, erleben das Pluto/Pluto-Quadrat genau zur Zeit der Lebensmitte – bei Eintritt der Uranus-Opposition.

Bei unseren Eltern und Großeltern hingegen bildete sich das Pluto/Pluto-Quadrat zur Zeit ihres Todes, denn es war Teil dieses Überganges, gehörte zur höchsten Vollendung ihres Lebens. Der Pluto-Transit über ihren Geburts-Pluto war das Durchgangstor zur anderen Seite! Im Jahr 1915 zum Beispiel war Pluto auf 0° Krebs. Menschen, die damals geboren wurden, hatten ihr Pluto/Pluto-Quadrat in den Jahren 1971-72, also etwa mit 65 Jahren. Jemand der 1885 geboren wurde, hatte sein Pluto/Pluto-Quadrat ungefähr 1958, im Alter von 73 Jahren! Die Kriegs- und Nachkriegsgeneration muss das Pluto-Quadrat durchleben, seine tiefere Bedeutung erfassen und ins Bewusstsein bringen – und das zusammen mit dem Hereinbrechen von Uranus, dem regulären, allgemeinen Charakteristikum im Reifungsprozess von Erwachsenen. Das ist wirklich eine große Herausforderung.

Der Grund ist in Plutos exzentrischer Umlaufbahn zu suchen. Er kehrt alle 245 Jahre wieder an denselben Punkt zurück, doch sein Pfad verläuft elliptisch gegen den Tierkreis, und er verbringt

32 Jahre im Stier und 11 Jahre im Skorpion. Wie wir sehen, wenn wir Plutos Transit auf dem Hintergrund des Tierkreises betrachten, wird seine Durchlaufszeit immer länger, während er sich durch Steinbock, Wassermann, etc. bewegt. So tritt auch das Pluto/Pluto-Quadrat im Leben des Individuums immer später und später ein. Die Generationen mit Pluto im Löwen und in der Jungfrau erleben ihr Pluto-Quadrat in der Lebensmitte, zwischen 38 und 40 Jahren. Dies fügt dem Übergang von einer Hälfte des Lebens in die andere noch die Dimension von Leben und Tod hinzu. Das ist in der Tat ein ziemlich beschwerlicher und schmerzhafter Transit, denn alle unsere alten Illusionen zerbrechen und Todesängste entstehen. Nun heißt es Abschied nehmen von unserer gewohnten Sicht auf das Leben. Das ist wirklich ein »Transit der Wahrheit«, weil den Menschen auf erschreckende Weise plötzlich die Augen geöffnet werden, wenn das Pluto/Pluto-Quadrat eintritt. Es ist das Ende einer bestimmten Lebensweise und kann – je nach der Stellung Plutos im Geburtshoroskop – zu einem Riss in unserem emotionalen, spirituellen oder psychischen Gewebe führen.

Zuhörer: Ich möchte auf das zurückkommen, was Sie über das Erreichen von Plutos Kraft oder Macht sagten – meinen Sie damit, dass wir vielleicht im ganzen Leben nie wirklich an diesen Planeten herankommen? Heißt das, Pluto wird immer jenseits des Bewusstseins bleiben?

Erin: Das ist nicht genau das, was ich sagen wollte – ich meine, in der Rangordnung des Individuationsprozesses beginnen wir mit der Sonne und arbeiten uns zu Pluto vor. Die Mysterien Plutos, seine Tiefgründigkeit und die Macht, die ihm tatsächlich zu eigen ist, sind jedenfalls absolut zerstörerisch. Gerät diese Macht in die falschen Hände, besonders wenn man zu jung ist, kann sie sich im tiefsten Sinne verheerend auswirken. Es ist wirklich eine Frage der psychologischen Reife. Es ist schon interessant, je älter ich werde, umso jünger sind meine Klienten … Ich meine, heute kommen viele Leute zu mir, die um die 30 oder jünger sind und einen starken Pluto im Horoskop haben, was ihnen überhaupt nicht bewusst ist. Sie erkennen weder seinen Einfluss noch die eigentliche Absicht ihres wahren Selbst, das entschlossen auf ihre sich bereits abzeichnende Zukunft zumarschiert! Das ist, offen gesagt, recht erfrischend. Sie wissen gar nicht, wie einflussreich und mächtig sie sein könnten – und wahrscheinlich auch sein werden, wenn sie bereits im Alter von 20 oder 30 Jahren ihr innerstes Wesen erforschen.

Sie nehmen das gar nicht wahr und sind sehr bescheiden, weil sie sich bewusst sind, dass es etwas Größeres gibt als das eigene Ego. Anders als das kollektive Bewusstsein der Menschen mit Pluto im Krebs, deren Schicksal es war, sich vom Sicherheitsdenken leiten zu lassen, und deren Ziele sich auf das eigene Land konzentrierten, fühlen sich Menschen mit Pluto in der Waage bereits mit der Gemeinschaft verbunden und möchten wissen, wie sie persönlich die Allgemeinheit unterstützen oder fördern können. Es ist eine Generation, die von Bescheidenheit erfüllt ist. Ich sage dann vielleicht: »Ihr habt die Fähigkeit, Großes zu leisten und euch auf etwas zu konzentrieren, und ihr könnt einigen Einfluss und Macht haben – nicht nur in eurem Inneren, sondern auch in der Gemeinschaft (je nach Horoskop)... Das ist etwas, zu dem ihr heranreifen, in das ihr hineinwachsen werdet...«. Dann sagen sie: »Ich habe nicht dieses Empfinden, ich habe keine Verbindung zu all dem.« Und ich denke insgeheim: »Vielleicht ist es ganz gut so, das kommt noch früh genug.« Ich habe festgestellt, dass die Generation mit Pluto im Skorpion bereits eine unglaubliche Weltläufigkeit aufweist und dass bei ihr bereits das »Neue Denken« in Erscheinung tritt. Die veränderte Denkweise, die für das Überleben in einem neuen globalen Bewusstsein notwendig ist, hat sich mit der Pluto-im-Skorpion-Generation etabliert.

Diese Menschen sind zweifellos intelligent. Es ist keine Verleugnung, wenn sie sagen, dass sie von dieser Macht, die in ihnen schlummert, nichts wissen. Sie lügen nicht, sie leiden nicht an mangelndem Selbstbewusstsein – sie sind damit einfach noch nicht in Berührung gekommen. Doch das wird geschehen, sobald sie einen bestimmten Grad saturnischen Selbstvertrauens sowie das uranische Gefühl der Einzigartigkeit und der persönlichen Identität erreicht haben. Dann mag – so merkwürdig es klingt – der Identitätsverlust durch Neptun notwendig werden, um die

Persönlichkeit in etwas völlig Amorphes einzuschmelzen und eine neue Identität zu schaffen, bevor man die Stufe Plutos mit ihrer zentralen Macht, ihrem Kraftkern erreichen kann.

Pluto ist sehr interessant, weil sein Symbol gleichzeitig das Zeichen für Plutonium, ein Nebenprodukt der Kernreaktion, ist. Eine Kernreaktion auf der Sonne ist ganz ungefährlich, denn sie entspricht dem Wesen der Sonne – einer Reihe machtvoller Kernreaktionen, die ihre Strahlen aussenden und uns Licht und Leben geben. Wenn wir dasselbe hier unten auf der Erde geschehen lassen, bringt es den Tod. Am rechten Ort und im richtigen Kontext ist nichts dagegen zu sagen. Der Kraft und Macht Plutos sollte man sich lieber erst während und nach der Midlife-Krise bedienen, in einer Lebensphase, in der das Ego keine so große Rolle mehr spielt – mit anderen Worten, wo die Höhepunkte des Lebens nicht mehr darin bestehen, erfolgreich zu sein oder das höchste Jahreseinkommen zu haben, sondern wo es darum geht, ehrlich, aufrichtig, klar und bewusst zu sein. Nun will ich noch ein paar Worte über Jupiter mit Neptun und Pluto sagen.

Jupiter und Neptun

Ich möchte ein wenig über Neptun/Jupiter-Kombinationen sprechen, weil sie etwas Gemeinsames haben. Sie sind wie Brüder, gleich stark, und regieren beide über himmlische und irdische Bereiche. Übrigens, Poseidon beherrscht die Ozeane, aber auch die Ströme und Flüsse auf und unter der Erde. Diese Verbindung hat im Grunde nichts Schreckliches an sich, kann aber täuschen oder irreführen – doch das schadet nicht. Beide regieren im Horoskop Zeichen und Häuser, die mit den Themen Herkunft oder Abstammung und Gemeinschaft zu tun haben, und sie arbeiten zusammen, um eine Synthese zwischen Geist und Seele zu schaffen. Jupiter/Neptun-Konjunktionen treten etwa alle 13 Jahre auf, also geht es bei den Aspekten, die sich von diesem Punkt aus entwickeln, um die Einführung neuer Methoden spiritueller Gruppentätigkeit. Menschen mit einer Jupiter/Neptun-Konjunktion beschäftigen sich gewöhnlich mit dem Zustand der Seele

– entweder ihrer eigenen oder der ihrer Nachbarn. Es besteht ein derart starkes Verlangen, Glauben und spirituelles Empfinden miteinander zu verbinden, dass es etwas Messianisches haben kann. Die Opposition kann allerdings zu einem psychischen Komplex führen und ist der schwierigere Aspekt von beiden. Ich bezeichne die Opposition gerne als eine gespaltene Konjunktion, doch hier geht dieses Aufeinandertreffen von Gegensätzen häufig mit übersteigerten Idealen einher, die dann anderen aufgezwungen werden.

Der große Traum der Menschen mit Jupiter/Neptun-Aspekten ist das Land Utopia, die Vorstellung, dass es irgendwo existiert und dass sie diesen erhabenen Ort eines Tages erreichen werden. Vielleicht gelingt es ihnen auch. Ich denke, diese Menschen machen sich große Sorgen über gesellschaftliche Probleme und über all die traurigen Dinge, die geschehen, wenn Menschen ihre Menschlichkeit und ihre Würde verlieren. Diese Konfiguration kann – wie Jupiter mit Uranus oder Pluto – den Einzelnen übergehen und sich mit den Menschen als Gruppen beschäftigen. Das Einfühlungsvermögen für Benachteiligte, Verlierer, Obdachlose, Unzufriedene, Kranke oder Gefangene ist sehr stark – so stark, dass sie um dieser Menschen willen leiden. Sie sind leicht desillusioniert, offensichtlich weil sie so leicht zu bezaubern sind!

Eine Jupiter/Neptun-Konjunktion am Himmel ist eine Begegnung zwischen dem großen Geist, der Gemeinschaft unserer Vorfahren, und dem gesellschaftlichen Rahmen, in dem man diesem Nicht-Greifbaren begegnen kann. Die Menschen haben das starke Bedürfnis nach sicheren, geschützten Orten, wohin sie mit ihren spirituellen Sehnsüchten gehen können. Kirchen, Synagogen, Moscheen, Kultplätze wie Steinkreise, Waldlichtungen und Schreine auf Berggipfeln existieren, seit es Menschen gibt. Jupiter ist der Schrein für den göttlichen Geist, und Neptun steht als Symbol für das, was wir nicht erfassen können. Neptun ist innen wie außen unendlich und grenzenlos. Wir errichten also Orte, um ihn einzufangen und festzuhalten – sei es in unserem Denken durch Dogmen, oder auf der Erde in Form eines Schreins. Große Kriege sind um Ideologien und Religionslehren geführt worden. Menschen töten einander öfter auf Grund ihres Glaubens oder ihrer Gedanken als um des Landes willen, das sie besitzen oder bewohnen.

Ist Jupiter in dominanter Position, kann dies einen Geborenen mit Jupiter/Neptun-Betonung mitsamt seinem spirituellen Weg zu einem unerträglichen Langweiler machen. Ist Neptun dominant, dann kann man es mit Worten nicht mehr ausdrücken. Diese Menschen leben in einem Zustand der Einheit mit Gott – da gibt es weder Begründung noch Vernunft. Natürlich sind die Quadrate anfälliger für Spaltungen mit dem Schwergewicht auf der einen oder anderen Seite. Trigone und Sextile sind sanfter und kreativer – dies ist auch der Aspekt des Künstlers, des sublimen Schöpfers von Bildern und Symbolen. Musik, Malerei, Film und alle Arten bildlicher Darstellungen helfen dem Jupiter/Neptun-Menschen, seine Sehnsucht nach der Vereinigung mit dem Göttlichen auszudrücken. Wenn das gesellschaftliche Leben für ein Dasein in größerer Abgeschlossenheit, zum Beispiel im Kloster, geopfert werden muss, dann wird dieser Aspekt die romantische Vorstellung davon verstärken.

Jupiter und Pluto

Pluto ist wahrscheinlich der unerbittlichste aller Götter. Ich meine, dem Ende kann man schließlich nicht entrinnen, nicht wahr? Der Hades der griechischen Welt glich nicht der christlichen Hölle. Er war ein Ort des Übergangs, wo die Seele zwischen den Inkarnationen verweilen und sich erfrischen konnte. Pluto kann auf der existentiellen Ebene äußerst stärkend sein, weil er sich an diesem geheimnisvollen Ort befindet, wo man sich nach Beendigung des physischen Lebens um uns kümmert. Als das Schatten- oder Seelenreich hat es eher eine ruhige, friedliche Bedeutung, doch wenn wir voller Lebenskraft sind, fordern wir den Tod nicht bewusst heraus und haben auch nicht das Verlangen, vor unserer Zeit diesen Ort aufzusuchen. Menschen mit Jupiter/Pluto-Aspekten sind jedoch sehr neugierig auf diese besondere Reise und haben weniger Angst vor dem Unvermeidlichen. Jupiters Abenteuersinn kennt keine Grenzen. Jupiter/Pluto-Verbindungen sind magisch und von einem tiefen, unergründlichen Zauber. Tatsächlich sind diese beiden Planeten von allen Merkmalen der Hexerei umgeben, und der Jupiter/Pluto-Aspekt kann wirklich zaubern. Er ist daher ein Aspekt, der zutiefst respektiert werden muss. Er kann charismatisch und glänzend sein und als Katalysator wirken; er hat die Macht, Blei in Gold zu verwandeln.

Ich sehe den Hades als einen geistigen Zustand, einen Ort, den wir aufsuchen, wenn etwas Vertrautes zu Ende geht. Jupiter kann hier nur Licht verbreiten – erinnern wir uns, sie sind einander ebenbürtig, Brüder mit gegenüberliegenden Wohnstätten: Jupiter im Himmel und Pluto in der Unterwelt. Sie bringen die Extreme des Lebens in ein Gleichgewicht, die endlosen Möglichkeiten Jupiters und den unvermeidlichen Schlusspunkt Plutos. Wir wissen nicht, was jenseits der Umlaufbahn Plutos liegt, aber es gibt bereits Hinweise auf Phänomene, die von einem kosmischen Gürtel zeugen. Werden diese Bereiche noch während unserer Zeit erforscht, dann erleben wir das größte Abenteuer unseres Bewusstseins! Bis dahin wissen wir nicht, was sich außerhalb oder jenseits von Pluto befindet. Und analog dazu bleiben auch die Tiefen, das Ausmaß und die volle Kapazität Plutos in der Psyche für uns unbewusst. Fühlen wir uns zum Geheimnisvollen hingezogen, wird Jupiter uns gerne bis an den Rand des Mysteriums begleiten, aber nicht weiter – auch er ist in die Geheimnisse seines Bruders nicht eingeweiht. Zu Pluto gehen wir alleine. Doch wenn wir eine Jupiter/Pluto-Konjunktion haben, macht uns diese Art des Alleinseins vielleicht nichts aus, weil zwischen uns und dem Unbekannten ein Gefühl der Brüderlichkeit besteht.

Jupiter/Pluto-Menschen gehen vorsichtig durch die existentielle Welt – sie wissen, dass sie alleine sind und ihr Weg eigentümlich und einzigartig ist. Auch der Alchimist wusste das sehr genau; sein einziger Begleiter war Hermes. Der geschlossene Rahmen für das Selbst und die Seele, den diese beiden Planeten erschaffen, hat etwas Hermetisches an sich – eine Art Filter oder ein Destillierapparat, in dem in aller Heimlichkeit die verschiedensten Umwandlungen stattfinden. Diese Menschen strahlen eine starke, geheimnisvolle Aura aus. Das Problem ist, dass sie sich zu den dunklen Kräften hingezogen fühlen können. Es ist schon etwas Faszinierendes um die Schattenreiche, die dunklen Mächte und die schwarze Magie. Und weil das Böse existiert, muss es auch erkannt werden, und es ist nichts dabei, über den Rand einen heimlichen Blick darauf zu werfen. Doch wenn man die Grenze überschreitet, ist der Weg zurück schwer. Kriminalschriftsteller, Heiler, Magier, Menschen, die im Bereich der Kriminalität arbeiten und jene, die das Böse bekämpfen, das sie gleichermaßen anzieht und abstößt, erzielen durch die Jupiter/Pluto-Verbindung ihre besten Ergebnisse. Auch für die Astrologie ist das kein schlechter Aspekt, denn ihre Interpretation geheimnisvoller Symbole beinhaltet auch das Wissen um die persönliche und globale Transformation.

Literaturverzeichnis

Detienne, Marcel. *The Creation of Mythology.* University of Chicago Press, 1986.

Evans, Arthur. *The God of Ecstasy.* St. Martins Press, 1988.

Frazer, James George. *Der goldene Zweig (The Golden Bough): Das Geheimnis von Glauben und Sitten der Völker.* Leipzig, 1928.

Graves, Robert. *Die weiße Göttin: Sprache des Mythos.* rororo, 1992.

Kirk, Geoffrey S. *The Nature of Greek Myths.* Pelican 1974 (dt.: Griechische Mythen, ihre Bedeutung und Funktion. rororo, 1994).

Rudhyar, Dane. *Der Sonne/Mond-Zyklus: Ein Schlüssel zum Verständnis der Persönlichkeit.* Edition Astrodata, 1988.

Sullivan, Erin. *Rückläufige Planeten: Aufbruch in die innere Landschaft.* Edition Astrodata, 1993.

Xenophanes. *Xenophanes on Drinking Parties and Olympic Games.* Illinois Classical Studies 3, 1978.

Über die Autorin

Erin Sullivan arbeitet seit 1972 als beratende Astrologin und unterrichtet in Kanada, den USA und Großbritannien. Sie lebt in Arizona und in London, wo sie als Dozentin am »Center for Psychological Astrology« tätig ist. Sie ist Herausgeberin einer astrologischen Reihe bei Penguin Books und hat einen 3-teiligen Lehrgang als Video veröffentlicht. Zahlreiche Artikel sind von ihr in allen führenden Astrologiezeitschriften veröffentlicht worden. Auf deutsch sind von ihr die Bücher *Saturn im Transit* (1992), *Rückläufige Planeten* (1993), *Astrologische Familiendynamik* (1997) und *Venus, Planet der Liebe und Sinnlichkeit* (1998) erschienen.
Homepage unter www.erinsullivan.com

Standardwerke der Astrologie

ERIN SULLIVAN

Venus

Planet der Liebe und Sinnlichkeit
Broschur, 176 Seiten, 7 Abbildungen

ISBN 3-925100-35-0

Untersuchen wir Venus im Horoskop, so achten wir zuerst auf die Tierkreiszeichen Stier und Waage. Erin Sullivan zeigt, daß sich diese Dualität bereits in der antiken Mythologie nachweisen läßt, denn es gibt zwei Ursprungsmythen für die Göttin der Liebe. Alle Ebenen unseres Erlebens sind noch heute durchdrungen von der Vorstellung des Niederen und des Höheren, des Profanen und des Sakralen, von Körper und Denken, Lust und Liebe.
Das Buch verdeutlicht die Auswirkungen dieses Doppelaspekts, denn wir alle tragen das wilde Antlitz der Stier-Venus, die animalische Seite in uns. Aber auf der Instinktebene allein zu handeln ist nicht attraktiv. Deswegen haben wir die gleichermaßen wertvolle und verfeinerte Waage-Seite ebenfalls in uns, die unsere Fähigkeiten lenkt, mit anderen Menschen in Beziehung zu stehen, Kompromisse mit unseren Instinkten zu schließen und zur zivilisierten Welt zu gehören. Unsere Verhaltensweisen im Liebesleben werden zum größten Teil dadurch bestimmt, wie gut diese beiden Faktoren übereinstimmen.
Astrologisch läßt sich dies sehr gut an den Winkelverbindungen dieses Planeten ablesen. Die Autorin gibt fundierte Interpretationen der Venus-Aspekte zu den anderen Planeten. Dabei gelangt sie auf dem Hintergrund des doppelten Mythos zu ganz unerwarteten Deutungen und zeigt dem Leser nicht nur, wie er Ideale zur Wirklichkeit werden lassen kann, sondern auch Wege für ein tieferes Erfassen der Venus-Energie.

Standardwerke der Astrologie

LIZ GREENE

Abwehr und Abgrenzung

als positive Seite des Lebens und
die Entsprechungen im Horoskop
Broschur, 314 Seiten, 5 Abbildungen

ISBN 3-925100-33-4

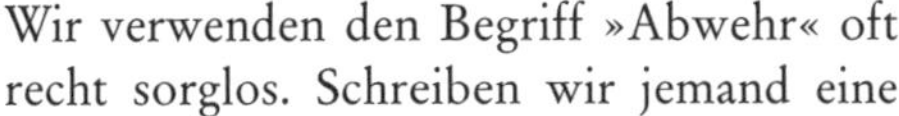

Wir verwenden den Begriff »Abwehr« oft recht sorglos. Schreiben wir jemand eine Abwehrhaltung zu, so bedeutet dies in Wirklichkeit meist, daß er unsere Sichtweise nicht teilt. Aber Abgrenzung ist nicht von vorne herein negativ, denn ohne diese könnten wir nicht existieren. Die Autorin geht aus von der klassischen Beschreibung der Abwehrmechanismen und stellt diese in Beziehung zu den Elementen. Ebenso werden die typischen Abwehrhaltungen, die in den Tierkreiszeichen und den Planeten zum Ausdruck kommen untersucht. Im zweiten Teil geht Liz Greene besonders auf die Erfahrungen mit Saturn und Chiron ein. Die Abgrenzungen durch Saturn werden eingehend diskutiert. Dabei wird vor allem die konstruktive Aufgabe Saturns in den Vordergrund gestellt. Chiron und seine Bedeutung für menschliche Verhaltensmuster werden untersucht, wobei hier vor allem die schwierige Frage der kollektiven Wunde zur Sprache kommt.
Liz Greene zeigt dem Leser die positive Seite der Abwehrhaltungen auf und wie er diese positiv in sein Leben integrieren kann. Sie zeigt Wege, wie wir dem Teil in uns kreativ begegnen können, der ursprünglich unser größter Mangel war.

Standardwerke der Astrologie

S. ALBAUGH UND N. EHRESMAN

Die Wiederkehr des Saturn

Lebenszyklus und Krisenjahre
Broschur, 115 Seiten, 12 Abbildungen

ISBN 3-925100-19-9

Man spricht davon, daß der Körper sich alle sieben Jahre erneuert. Dies korrespondiert mit dem Saturnzyklus, denn Saturn bewegt sich in Zeitabschnitten von sieben Jahren: nach 7 bzw. 21 Jahren steht er im Quadrat, nach 14 Jahren in Opposition und nach 28 Jahren wieder auf der Radixposition. Der Zeitpunkt, zu dem der Planet wieder in Konjunktion zu seiner Geburtsstellung tritt, wird als Wiederkehr oder auch als Saturnrevolution bezeichnet. Gerade während der Phase der Wiederkehr des Saturn treten wichtige Entwicklungsschritte in unser Leben. Alle Dinge, die nicht auf festen Grund gebaut sind, stürzen in sich zusammen. Die Saturnrevolution muß jedoch nicht nur negativ aufgefaßt werden, denn sie verhilft dem Betroffenen zu einer „inneren Wiedergeburt". Ein Großteil der Verwirrungen und Selbstzweifel kann jedoch durch eine gezielte Vorbereitung auf die kritischen Phasen des Saturnzyklus geklärt werden. Das vorliegende Buch gibt hierzu eine konkrete Hilfestellung und beleuchtet anhand von praktischen Beispielen die wichtigsten Lebensbereiche, die Saturn bei seiner Wiederkehr umwälzt.

Die beiden Autoren schaffen nicht nur ein tiefes Verständnis der Saturnzyklen, sie geben auch Anregungen zur Auseinandersetzung mit den oftmals unbequemen Lernaufforderungen des Saturn.

Buchhändler Heute

Standardwerke der Astrologie

ERNST OTT

Der Deszendent

Das Tor zur Partnerschaft im Horoskop
Broschur, 265 Seiten, 38 Abbildungen

ISBN 3-925100-43-1

Der Deszendent entspricht dem Westhorizont, an dem die Sonne untergeht. Gibt es ein schöneres Bild für die Liebe als einen romantischen Sonnenuntergang? Während der Aszendent unser Selbstbild darlegt, ist der Deszendent das Symbol für unser Partnerbild. Mit der Himmelsrichtung Westen ist aber auch die Faszination der Macht verknüpft, denn der Ort der untergehenden Sonne weckt die Lust zu erobern. Zudem stehen wir am Deszendenten am Scheideweg, denn es stellt sich die Frage, ob und wieweit wir uns auf den Partner einlassen wollen. Bei einer genauen Kenntnis des Deszendenten erfahren wir alles über die innere Bereitschaft zur Liebe.

- Warum fühlen wir uns zu einem bestimmten Menschen hingezogen?
- Was wollen wir in der Liebe erobern?
- Welche Machtspiele treten in der Beziehung auf?
- Was bedeutet es sich zu binden?
- An welche Grenzen geraten wir in einer Beziehung?

Der Leser erhält ausgiebige Beschreibungen des Deszendenten in den Tierkreiszeichen, jeweils mit dem dazugehörigen Selbstbild und Partnerbild. Anhand vieler Beispiele wird gezeigt, wie sie die Themen des Deszendenten entwickeln können. Wenn Sie besser verstehen wollen, was Ihnen begegnet und wenn Sie mit mehr Zufriedenheit lieben wollen, so können Sie von Deszendenten Ihres Horoskops viel Wichtiges dazu erfahren.

CHIRON VERLAG

Standardwerke der Astrologie

LIZ GREENE

Uranus im Horoskop

Prometheus und die Kunst,
das Feuer zu stehlen
320 Seiten, 12 Abbildungen

ISBN 3-925100-44-X

Uranus ist immer für eine Überraschung gut! Vor allem lässt sich seine astrologische Bedeutung nicht einfach festlegen. Gerne wird er mit dem Begriff »Individualität« gleichgesetzt, doch damit werden die uranischen Kräfte nicht umfassend beschrieben.

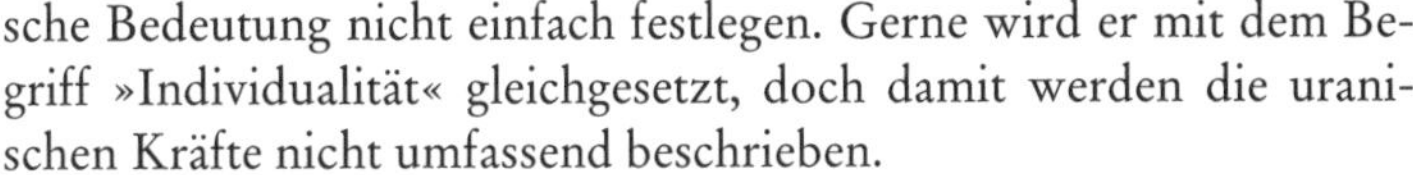

In dem vorliegenden Buch zeigt Liz Greene die Querverbindungen zu mythologischen Bildern und zu historischen Ereignissen auf. Dabei stützt sie sich vor allem auf den Mythos des Prometheus, der den Göttern das Feuer der Kreativität stiehlt und den Menschen damit die Möglichkeit zur Bewusstseinserweiterung gibt. Die Strafe des Prometheus steht für den Preis, den wir für nicht gelebtes uranisches Wissen bezahlen.

Uranus' Bedeutung im Geburtshoroskop wird ausführlich besprochen. Dabei stehen vor allem die Stellung in den Häusern, die Aspekte zu den persönlichen Planeten sowie sein Bezug zum Körperbewusstsein im Mittelpunkt.

Im zweiten Teil werden die Transite von Uranus und Saturn untersucht. Indem Li Greene einen mythologischen und psychologischen Zugang wählt, eröffnet sie dem Leser die Möglichkeit, über eine oberflächliche Deutung anhand von Schlüsselbegriffen hinaus zu gelangen. Ein umfassendes und in die Tiefe gehendes Buch über den Planten Uranus im Horoskop, das seinesgleichen sucht.

Standardwerke der Astrologie

MELANIE REINHART

Die Mondknoten

Das innere Gleichgewicht im Horoskop
162 Seiten, 15 Abbildungen

ISBN 3-925100-41-5

Die Bahnen von Sonne und Mond überschneiden sich an zwei im Tierkreis gegenüberliegenden Stellen: den Mondknoten. Die Mondknoten bilden somit eine wichtige Achse im Horoskop.

Eine häufig gestellte Frage lautet aber: wie soll man die Mondknoten zuverlässig deuten? Meistens wird der südliche Mondknoten als Vergangenheit im persönlichen wie auch im karmischen Sinne betrachtet und der Nordknoten als die Zukunft. Melanie Reinhart zeigt jedoch, daß dies nur eine eingeschränkte Sichtweise der Mondknotenachse bedeutet. In den Mondknoten tauschen sich die Prinzipien von Sonne, Mond und Erde aus. Die beiden Knoten ergänzen sich und schaffen so ein inneres Gleichgewicht.

Sie untersucht den rückläufigen Zyklus und zeigt dessen Bedeutung als Weg zur inneren Balance. Gerade diese Sichtweise auf die Mondknoten als ein Faktor zum Ausgleich der Gegensätze zeichnet das Buch besonders aus. Anhand leicht nachvollziehbarer Fallstudien erhält der Leser Anleitungen zur Deutung der Mondknoten und gelangt zu einem erweiterten Verständnis dieser wichtigen Achse im Horoskop. Endlich ein Buch mit einer lebensnahen Auslegung der Mondknotenachse.